ryan ellis

sternenflüstern

ein vater, ein sohn

und eine jahrhundertealte mystische verbindung

ryan ellis

sternenflüstern

ein vater, ein sohn
und eine jahrhundertealte
mystische verbindung

Aquamarin Verlag

ISBN 978-3-89427-775-8
Deutsche Originalausgabe

2. Auflage 2017

© Aquamarin Verlag GmbH
Voglherd 1 • D-85567 Grafing
www.aquamarin-verlag.de

Umschlaggestaltung: Annette Wagner

Druck: C.H. Beck • Nördlingen

**Sein Wissen für sich zu behalten,
ist nicht nur beschämend, sondern auch destruktiv.
Was nicht offen und großzügig geteilt wird,
spielt irgendwann keine Rolle mehr.**

**Dann machst du deinen Safe auf
und findest nur noch Staub.**

Keeping your knowledge to yourself
is not only ashaming but also destructive.
Everything that is not honestly and generously shared,
will become unimportant one day.

Then – when opening your safe,
you will only find dust in it.

– Annie Dillard –

Inhalt

**Wer nicht an Wunder glaubt,
wird sie niemals finden.**

Those who don't believe in miracles
will never find them.

– Roald Dahl –

Prolog

Meine eigentliche Geschichte beginnt vor vielen hundert Jahren. In meiner damaligen Inkarnation lebte ich zusammen mit meinen zwei Söhnen Adam und Simon in einem kleinen, sehr kalten Ort in Russland. Wir waren eine einfache Familie, und meine beiden Söhne waren das Einzige, was in diesem Leben für mich von Bedeutung war.

Wenn ich mein damaliges Leben wie in einem Kurzfilm nochmals vor mir ablaufen sehe, bleiben meine stärksten Erinnerungen immer an der unglaublichen Kälte und an meinen abendlichen Gesprächen mit meinem Sohn Simon hängen. Die Nächte waren so kalt und still, dass man seinen eigenen Atem hören konnte.

Die Menschen, die heute am kältesten bewohnten Punkt der Erde, in Oimjakon, im Osten Russlands, leben, nennen diese durch das Atmen entstehenden Geräusche »Eisflüstern«. Bei extremen Temperaturen gefriert der Atem beim Sprechen und erzeugt dabei Geräusche, die dem Gesprochenen wie ein Schatten folgen. Die Worte werden zu klingenden Kristallen, und der Atem zeichnet dabei weiße Schleier in den dunklen Nachthimmel.[*]

---

[*] Der Künstler Juergen Staack hat diese Geräusche akustisch aufgenommen. Sie waren im Jahr 2013 Thema einer Ausstellung in der Konrad Fischer Galerie in Berlin.

Diese seltenen Geräusche des Eisflüsterns werden von den Einheimischen auch »Sternenflüstern« genannt. Es war naheliegend für mich, diese Bezeichnung auch für meine heutige Kommunikation mit meinem Sohn Simon zu gebrauchen. Eine Kommunikation, die nie abgebrochen ist und die ich in meinem jetzigen Leben zuerst wieder finden und akzeptieren musste.

Durch einen tragischen Vorfall musste ich mich damals in Russland entscheiden, ob ich mein eigenes Leben oder das Leben meines Sohnes Simon retten sollte. Ich entschied mich für Letzteres, wie das wohl jeder Vater getan hätte. Der Abschiedsschmerz war für Simon und mich unbeschreiblich. Beim Meditieren oder manchmal in meinen Träumen kann ich diesen Schmerz und unsere tiefe Verbindung immer noch sehr stark spüren.

Inzwischen ist viel Zeit vergangen. Ich weiß bereits seit Jahren, dass mein Sohn Simon und ich uns nie wirklich »getrennt« haben. Er begleitete mich in weiteren Erdenleben und steht für mich auch heute noch jederzeit zur Verfügung, wenn ich seinen Rat brauche – nicht hier auf der Erde, aber in einer anderen, für uns unsichtbaren Dimension.

Dies mag vielleicht unglaublich, unmöglich oder sogar verrückt klingen. Etwas, was ich viele Jahre lang selber gedacht habe. Weshalb ich auch versuchte, meine speziellen Fähigkeiten vor meinem persönlichen Umfeld geheimzuhalten. Mein »Sternenflüstern mit Simon« hat inzwischen aber nicht nur mir, sondern auch vielen meiner Freunde und Bekannten Hilfe, Rat und Hoffnung übermittelt. Mit seinen prägnanten Botschaften ist er inzwischen für viele Menschen so wichtig geworden, dass ich mich verpflichtet fühle, sie mit weiteren interessierten Menschen zu teilen.

Sind Sie bereit für Botschaften aus einer anderen Dimension? Für Ratschläge und Erklärungen, die unser Leben verändern und bereichern können? Glauben Sie an Dinge, die für sie (noch) nicht sichtbar, aber trotzdem vorhanden sind? Dann sind Sie bereits auf dem Weg, um mit Simons Botschaften ihr jetziges Leben neu zu überdenken, nach und nach besser zu verstehen oder es nachhaltig zum Positiven zu verändern.

Ryan Ellis

**Für mich war es faszinierend zu erfahren,
dass es da draußen noch »viel mehr«
gibt und wir nicht einmal einen Sekundenbruchteil von all
dem nutzen und verstehen,
was uns das Universum zur Verfügung stellt.**

For me it was fascinating to realize
that there is much more
out there and that we use and understand not only
a tiny little bit of what the Universe offers to us.

– Ryan Ellis –

Kindheit

Ich bin in der Schweiz aufgewachsen, zusammen mit sechs weiteren Geschwistern. Wir waren eine glückliche Familie, und meine Eltern setzten alles daran, um uns ein schönes und angenehmes Leben bieten zu können, auch wenn sie selber dafür auf vieles verzichten mussten. Der Alltag verlief für uns Kinder nicht anders als in anderen Familien. Auch wir stritten und versöhnten uns, und natürlich war bei uns immer etwas los. Das Wort Langeweile kannten wir nicht.

Da meine Eltern gemeinsam einen Betrieb aufgebaut hatten, der ihnen viel Zeit und Energie nahm, war ich als Kind oft bei meiner Großmutter, die in unserem vierstöckigen Haus die oberste Etage bewohnte.

Mit ungefähr sechs Jahren durfte oder besser gesagt musste ich in den Kindergarten. Viel lieber wäre ich zu Hause, in meinem gewohnten Umfeld geblieben. Doch so nahm alles seinen Lauf.

Ich erinnere mich an einen kalten Wintertag. Alles war tief verschneit. Der Tag begann wie alle anderen. Meine damalige Kindergartenfreundin Mia holte mich von Zuhause ab. Im Kindergarten durften wir die üblichen Spiele spielen, basteln und uns Geschichten anhören.

In der Pause ließ uns Schwester Angela, meine Kindergarten-lehrperson, in den Flur, um unsere Pausentaschen zu holen.

Draußen hatte es wieder zu schneien begonnen. Die anderen Kinder waren bereits ins Klassenzimmer zurückgekehrt. Etwas drängte mich dazu, an die Eingangstüre zu laufen. Da ich der Kleinste meines Jahrgangs war, musste ich mich auf die Zehenspitzen stellen, um durch das Fenster im oberen Teil der Türe hinausschauen zu können.

Schräg gegenüber war der Friedhof unseres Dorfes. Ich sah zu meinem Erstaunen, dass viele Menschen einem Wagen hinterher liefen, der von einem Pferd gezogen wurde. Dieser Pferdewagen war mit einer Art Holzkasten beladen. Ich wusste damals noch nicht, dass das ein Sarg war. Alle Personen, die ich sah, waren schwarz gekleidet. Es herrschte eine bedrückende, traurige Stimmung, die ich förmlich am ganzen Körper spüren konnte. Da sah ich plötzlich auch mich selbst. Ich lief als Erster direkt hinter dem Wagen und weinte. Plötzlich realisierte ich, dass meine Großmutter in dieser Holzkiste lag. Es war ihr Begräbnis.

Völlig verstört rannte ich am Mittag nach Hause. Ich atmete auf. Meine Großmutter war noch am Leben. Das war für mich erst einmal eine große Erleichterung. Ich habe natürlich niemandem von meiner Vision erzählt, obwohl mir meine Mutter geglaubt hätte. Sie hatte selber immer wieder solche Vorahnungen und wusste oft schon Stunden oder Tage im Voraus, wann uns jemand von unseren Verwandten oder Freunden für immer »verlassen« musste.

Drei Wochen später starb meine Großmutter völlig unerwartet. Ihre Beerdigung spielte sich genau so ab, wie ich sie vom Kindergartenfenster aus gesehen hatte. Meine Angst war unbeschreiblich. Ich war knapp sechs Jahre alt und wusste nicht, was da passierte und ob alles mit mir stimmte. In den darauffolgenden Wochen besuchte ich jeweils nach dem Kindergarten meine Großmutter auf dem Friedhof. Ich gab mir die Schuld an ihrem Tod. Vielleicht hatte ich ihr Sterben durch meine Vision ausgelöst, und alles wäre nie passiert, wenn ich diesen »Film« nie gesehen hätte.

Ein paar Monate nach der Beerdigung ließ mir meine Großmutter in meinen Träumen Botschaften zukommen. Ich erzählte sie jeweils meiner Mutter, die dann das Gewünschte umzusetzen versuchte. Sie besprach jeweils alles auch mit meinem Vater. Meine Geschwister bekamen wenig bis gar nichts davon mit. Mein Unbehagen blieb. Ich wusste jetzt, dass etwas mit mir anders war. Ich war nicht wie der Rest meiner Familie und wie meine Freunde.

Während meiner Schulzeit kam es immer wieder vor, dass ich anstehende Ereignisse bereits vorherahnte oder sehr genau wusste, was die anderen Menschen gerade dachten oder machen wollten. Es gelang mir aber immer, meine besonderen Fähigkeiten geheimzuhalten. Ich wollte auf keinen Fall zum Gespött der anderen werden. Meine Eltern wussten, dass ich Dinge wahrnehmen konnte, die für andere verborgen blieben, und unterstützen mich, so gut sie dies konnten. Ihnen war jedoch immer wichtig, dass sie alle ihre Kinder möglichst gleich behandelten. Dies war wohl auch der Grund, weshalb in der Familie kaum über diese Sachen gesprochen wurde. Ich erinnere mich daran, abends oft gebetet zu haben, damit das alles aufhöre. Ich wollte einfach nur so sein wie alle anderen.

Erwachsenenwelt

Für eine sehr lange Zeit gelang es mir, meine besonderen Fähigkeiten vor meinem Umfeld zu verheimlichen, und ich konnte ein angepasstes, normales Leben führen.

Nach meiner Matura (Abitur) unterrichtete ich eine gewisse Zeit an einer Grundschule und begann dann mit meinem Psychologie-Studium an der Universität in Bern. Später wechselte ich an die Universität Zürich. Unbewusst wollte ich mit der Wahl meines Studienfaches vielleicht eine plausible Erklärung für meine noch immer ungelösten Kindheitserinnerungen finden. Ich war nun der Mensch, der ich immer sein wollte. Meine Visionen und Vorahnungen schienen der Vergangenheit anzugehören. Wenn sich ab und zu etwas in dieser für mich unbequemen Richtung anbahnte, gelang es mir meist sehr geschickt, dies einfach aus meinen Gedanken auszuklinken.

Aber natürlich holten mich meine besonderen Fähigkeiten immer wieder ein, oftmals an unpassenden Orten und zu ungünstigen Zeiten.

In der Zwischenzeit hatte ich einen Job in Schweden angenommen. Im Zusammenhang mit meiner beruflichen Tätigkeit verbrachte ich auch immer wieder eine längere Zeit in Südfrankreich, in der ich jeweils mein Privatauto mit dabei hatte. Die Gegend rund um Nizza ist dafür bekannt, dass immer wieder Fahrzeuge gestohlen und direkt über die Grenze nach Italien gebracht werden.

Eines Nachts klopfte es laut an meiner Wohnungstüre. Ich hörte draußen eine Frau, die sehr aufgeregt und laut immer wieder meinen Namen rief. Ich schaute mehrmals nach, aber es war niemand da. Dann sah ich in einer Vision meine Nachbarin aus der Schweiz, eine ältere, sehr nette Frau, die schon längere Zeit verstorben war. Sie gab mir zu verstehen, dass zwei junge Männer soeben mein Auto aufbrechen wollten. Da es mitten in der Nacht war und ich mein Auto an diesem Abend mehrere Häuserblocks weiter geparkt hatte, beschloss ich, bis zum Morgen zu warten. Am anderen Tag war mein Auto tatsächlich weg. Anwohner bestätigten der Polizei, dass sich der Diebstahl genau zu dem Zeitpunkt ereignet hatte, an dem meine verstorbene Nachbarin sich bei mir an meiner Haustüre gemeldet hatte.

Zurück in der Schweiz, unterrichtete ich an einer Schule. Ein Student im letzten Semester zeigte immer wieder großes Interesse für die Zeit nach dem Tod. Da ich relativ jung meinen Vater verlor, hatte ich mir bis dahin durch die Lektüre unterschiedlichster Bücher über den Tod und das Sterben ein für mich brauchbares und stimmiges Bild von der anderen Seite, dem Jenseits, geschaffen.

Spencer, mein Student, ließ mit diesem Thema bei mir nicht locker. So verbrachten wir nach dem Unterricht oft noch Zeit in der Schule und diskutierten über den Sinn des Lebens und was wohl auf der anderen Seite auf uns warten würde. Unter anderem sprachen wir auch darüber, dass viele Menschen bereits lange vor ihrem Tod unbewusst wissen: Das Leben für sie hier auf der Erde wird bald zu Ende sein. Ich erzählte Spencer, dass sich dann ein Mensch oft bei den für ihn wichtigen Personen mit einem speziellen Symbol verabschieden würde. Mit einer Art »Zeichen«, das ihn von allen anderen unterscheiden würde.

Spencer spielte mehrere Instrumente, unter anderem auch Saxophon. Er machte mir das Angebot, auf der Weihnachtsfeier der Schule »I will always love you« von Whitney Houston zu spielen, und spielte mir den Song nach der Schule vor.

Zu diesem Zeitpunkt lebte ich zusammen mit meiner Mutter und meinen Brüdern in einem Landhaus, das meine Eltern kurz vor dem Tod meines Vaters gebaut hatten. Meine Brüder und ich wohnten im oberen Stockwerk, und mein Schlafzimmer hatte ein großes Dachfenster, das von außen nicht zugänglich war.

Am Tag nach dem Vorspielen von Spencer entdeckte meine Mutter mitten im Dachfenster den Abdruck einer Hand, die, wie es schien, von außen auf die Scheibe aufgedrückt worden war. Sie reinigte die Scheibe immer wieder, aber nach einer gewissen Zeit war die Hand jeweils an der gleichen Stelle wieder sichtbar. So ging das eine ganze Woche lang. Wir alle wussten, dass die Hand etwas zu bedeuten hatte, und warteten beunruhigt, was dieses Zeichen uns sagen wollte.

Am darauf folgenden Sonntag teilte mir Spencers bester Freund am Telefon mit, dass Spencer am Samstagabend bei einem tragischen Verkehrsunfall ums Leben gekommen war.

Nach dem Anruf rannte ich sofort in mein Zimmer. Die Hand am Dachfenster war verschwunden. Gleichzeitig wurde mir die Bedeutung der Botschaft bewusst. Die Studenten an unserer Schule wurden von den Lehrpersonen immer mit der Hand begrüßt und auch wieder per Handschlag verabschiedet. Spencer war der einzige meiner über hundert Studenten, der mir an Stelle der Hand immer ein »Give me five« gab. (»Give me five« ist eine in den Vereinigten Staaten verbreitete Geste, bei der zwei Personen jeweils eine Hand heben, um sie in die erhobene Hand des Gegenübers zu schlagen). Dieses »Give me five« an meinem Schlafzimmerfenster war Spencers Zeichen der Verabschiedung für mich – bereits eine ganze Woche vor seinem Tod.

In den darauf folgenden Tagen und Wochen, egal zu welcher Tageszeit oder auf welchem Kanal, wurde, sobald ich das Radio einstellte, immer wieder das Lied von Whitney Houston gespielt. Ich wusste, das waren Botschaften von Spencer. Er wollte mir damit mitteilen, dass er noch existierte, dass es ihn trotz seines Todes immer noch gab. Im Gespräch mit Spencers Eltern erfuhr ich, dass unmittelbar nach seinem Tod im Hause seiner Familie viele für uns unerklärbare Dinge passiert sind. Zum Schutz seiner Angehörigen möchte ich aber hier nicht weiter darauf eingehen.

Viele ähnliche Ereignisse könnten hier noch angefügt werden. Durch diese Vorfälle wurde mir bewusst, dass ich meine immer stärker werdenden Wahrnehmungen nicht weiterhin einfach verdrängen konnte. Die Verbindung zu meiner Kindheit war wiederhergestellt,

Im Sommer darauf wurde ich auf eine Party nach Dornbirn (Österreich) eingeladen. Da ich praktisch niemanden der eingeladenen Gäste kannte, stand ich zu Beginn ein wenig gelangweilt herum. Eine sympathische ältere Dame, die ich noch nie zuvor gesehen hatte, sprach mich an. Während unseres Gesprächs kam sie zu meinem großen Erstaunen auf meine besonderen Fähigkeiten zu sprechen. Sie gab mir ohne

Umschweife zu verstehen, dass ich diese zum Wohle anderer Menschen auch einsetzen müsse. Sie teilte mir mit, dass sich in meinem inneren Raum (ich konnte mir damals noch nicht vorstellen, was sie damit meinte) schon lange ein Wesen aus einer anderen Dimension bereithalten und darauf warten würde, mit mir in Kontakt zu treten. Sie sagte, sein Name sei SIMON. Er wäre in einem früheren Leben einmal mein Sohn gewesen. Sobald ich innerlich dazu bereit wäre, würde sich alles wie von selbst ergeben.

Da war es wieder, dieses beklemmende Gefühl, »anders« zu sein, etwas machen zu müssen, was ich eigentlich gar nicht wollte. Konnten fremde Menschen mir das jetzt schon ansehen? Aufgewühlt und beunruhigt fuhr ich nach Hause zurück.

Nach dieser Party habe ich leider nochmals viele weitere Jahre damit verbracht, alle Zeichen, Erlebnisse und Wahrnehmungen im Zusammenhang mit meinen besonderen Fähigkeiten zu ignorieren oder zu verdrängen. Die Worte dieser Frau aus Dornbirn gingen mir aber nicht mehr aus dem Kopf.

Alles beginnt

Im Sommer 2003 kam meine Mutter aus Hongkong zurück. Sie hatte akute Magen- und Darmprobleme, die immer schlimmer wurden. Der ärztliche Untersuchungsbericht war erdrückend. Meine Mutter hatte Darmkrebs. Es gab zwar noch die Möglichkeit, sie zu operieren; doch die Ärzte hatten große Bedenken wegen der komplizierten und für meine Mutter gefährlichen Operation, die sie vielleicht nicht überleben würde. Ohne Operation prognostizierten ihr die Ärzte aber nur noch eine sehr kurze Lebensdauer. Es schien, als ob sie Weihnachten nicht mehr mit uns verbringen würde.

Die Familie war am Boden zerstört. Nach dem frühen Tod meines Vaters war unsere Mutter das Herzstück der Familie geblieben, die uns alle irgendwie zusammenhielt. Sie war auch diejenige, die maßgeblich daran beteiligt war, was aus uns beruflich geworden war. Uns war bewusst, dass wir uns auf alles gefasst machen mussten. Obwohl es meine Mutter nicht zeigte, war sie äußerst besorgt und hatte verständlicherweise große Angst.

Inzwischen lebte ich in der Nähe von Zürich. Als ich diese Hiobsbotschaft hörte, wurde Simon gleichzeitig ein ständiger Teil meiner Gedanken. Ich brauchte ihn nun unbedingt und dringend. Wie und wo konnte ich ihn finden? Er musste mich und meine Mutter in dieser Situation hilfreich unterstützen.

Der Sommer neigte sich langsam dem Ende zu. An einem warmen Abend saß ich auf meiner Terrasse und beobachtete den Sonnenuntergang über dem Zürichsee. Alles war ruhig. Die Zeit schien für einen Moment stillzustehen.

Zuvor hatte ich mit meiner jüngeren Schwester Emily telefoniert, die schon seit längerer Zeit mit großem Erfolg mit »ihren Engeln« arbeitete. Sie forderte mich auf, es doch einmal mit dem automatischen Schreiben zu versuchen, und erklärte mir das Vorgehen. Ich hatte einen Stift und ein paar leere Papierblätter vor mir und wünschte mir nichts sehnlicher, als mit dem Lichtwesen namens Simon in Kontakt zu treten.

Plötzlich begann meine Hand wie von selbst zu schreiben. Zuerst noch zaghaft, dann immer schneller. Ich schrieb an diesem Abend mehrere Seiten, alles zusammenhängend und in einer für mich komplett fremden Handschrift. Parallel dazu sah ich die beschriebenen Ereignisse und Personen wie in einem Film. Es war alles deutlich und klar. So zeigte mir mein Sohn Simon noch einmal unser damaliges Leben in Russland. Ich war vollkommen überwältigt und hin- und hergerissen, ob ich aus Freude, dass ich Simon wiedergefunden hatte, lachen oder aus Trauer und Schmerz über alles, was ich dadurch zu sehen bekam, weinen sollte.

Simon teilte mir dann Punkt für Punkt mit, wie meine Mutter vorgehen sollte. Sie setzte mit großem und unerschütterlichem Glauben seine Worte präzise um und entschied sich aufgrund von Simons Ratschlägen und Hinweisen doch für eine Operation. Parallel dazu arbeitete sie jeden Tag mit der Geistigen Welt und mit Simon zusammen.

Meine Mutter hat die Operation sehr gut überstanden, ohne eine einzige Chemotherapie. Es sind mittlerweile mehr als dreizehn Jahre vergangen. Bis jetzt wurden bei ihr keine weiteren Krebszellen mehr gefunden. Sie konnte in den letzten Jahren wieder ein normales Leben führen und erfreut sich bis zum heutigen Tage bester Gesundheit. Ihre behandelnden Ärzte haben von einem »medizinischen Wunder« gesprochen. Wir wussten, wem wir dieses Wunder zu verdanken hatten, und waren Simon unendlich dankbar.

An dieser Stelle möchte ich erwähnen, dass Simon, als Lichtwesen aus einer anderen Dimension, niemandem die Zukunft voraussagen darf und eine Heilung stark von der Einstellung der kranken Person und ihrer Bereitschaft zur Zusammenarbeit mit den Lichtwesen abhängt. Alle Botschaften von Simon zielen darauf ab, dass die fragende und hilfesuchende Person allein entscheiden kann, ob sie seinen Ratschlag annehmen und umsetzen oder ablehnen möchte. Die Lichtwesen aus höheren Dimensionen dürfen und können unseren freien Willen nie durchbrechen. Wir sind folglich auch mit der Unterstützung aus anderen Dimensionen immer noch selber für unser Leben und unsere Entscheidungen verantwortlich.

Es brauchte also die Krebskrankheit meiner Mutter, bis Simon definitiv zu mir vordringen konnte. Nach diesem Zeitpunkt war ich für eine Zusammenarbeit mit ihm bereit. Es gibt kaum Tage, an denen wir uns nicht »unterhalten«. Die Übermittlung seiner Botschaften kann ich inzwischen auch über andere Kanäle empfangen. Alles, was Simon mir bisher mitteilte, hat sich immer bis ins Detail bewahrheitet.

In den letzten Jahren konnte ich mit Simons Hilfe vielen Menschen helfen, sei es in Bezug auf Unterstützung bei schwerwiegenden Krankheiten, bei familiären und beruflichen Problemen und Sorgen, im Zusammenhang mit wichtigen Lebensentscheidungen oder bei der Kontaktaufnahme mit Verstorbenen. Simons Botschaften sind immer für alle hilfreich, und er ist mittlerweile zu einem selbstverständlichen Begleiter meines jetzigen Lebens geworden.

Meine Brüder und Schwestern haben sich inzwischen an meine besonderen Fähigkeiten gewöhnt. Etwa die Hälfte bezieht mich und Simon bei anstehenden wichtigen Lebensfragen oder in schwierigen Lebenssituationen gerne als zusätzliche Unterstützung mit ein.

Für Simon und all die anderen Lichtwesen ist es wichtig, dass in der jetzigen Zeit möglichst viele Menschen daran glauben, dass Engel und Lichtwesen aus anderen Dimensionen tatsächlich existieren und für uns da sind, wenn wir sie benötigen. Dank ihrer Hilfe können wir auch für uns scheinbar Unmögliches möglich machen.

Es ist verständlich, dass viele (noch) nicht bereit sind, an die Existenz dieser Lichtwesen zu glauben. Jeder Mensch ist für sein Denken und für das, was er glaubt, selbst verantwortlich. Der Versuch, jemanden mit allen Mitteln von der Existenz dieser Wesen aus anderen Dimensionen zu überzeugen, ist nicht sehr sinnvoll und könnte kontraproduktiv sein.

Manchmal bedarf es im Leben eines Menschen einer Krisensituation, um die eigene Lebensweise zu überdenken, infrage zu stellen oder eine etwas unübliche, unbekannte, andere Hilfe in Anspruch zu nehmen, an deren Existenz man bis jetzt nicht geglaubt hat.

Alles, was Sie auf den folgenden Seiten lesen werden, ist in Zusammenarbeit mit Simon entstanden. Er hat mir und inzwischen vielen Menschen Wege aufgezeigt, die vorher unbegehbar schienen.

Ich freue mich jeden Tag erneut auf das »Sternenflüstern mit Simon«, auf die Gespräche zwischen »Vater und Sohn«. – Das Sternenflüstern findet mittlerweile nicht mehr in einer eiskalten Winternacht in Russland statt, sondern ist jederzeit an jedem erdenklichen Ort auf der Welt möglich.

**Platon glaubte,
dass jede Seele einen
Begleitstern hat,
zu dem sie nach dem Tod zurückkehrt.**

Platon believed
that every soul
is accompanied by a star
and that they are meeting again after death.

Mein »sternenflüstern« mit Simon

In unserer Galaxie gibt es mehrere Hundert Milliarden Sterne. Wenn man davon ausgeht, dass es 100 (eher wahrscheinlich bis 200) Milliarden Galaxien gibt, dann ergibt sich daraus eine Anzahl von 10 Trilliarden Sternen. Das ist eine 1 mit 22 Nullen.

Wenn eine solche, inzwischen wissenschaftlich fundierte These unseren Verstand bereits massiv herausfordert, wie viel schwieriger nachvollziehbar muss es dann für uns sein, mit Wesen aus einer unsichtbaren und unvorstellbar weit entfernten Dimension in Verbindung treten zu können!

Immer wieder hört man von Eltern, dass ihre Kinder etwa bis zum fünften Lebensjahr einen imaginären Freund haben, mit dem sie sich unterhalten und austauschen. Gemeint sind hierbei nicht Puppen oder Teddybären. Für die Kinder sind das ganz normale Wesen, die sie sehen und meist auch sehr genau beschreiben können. Was, wenn diese Wesen real wären, auch wenn die Psychologen und Therapeuten immer wieder klare und eindeutige Gründe für die Nichtexistenz solcher »Fantasiewesen« liefern? Vielleicht hatten Sie sogar in ihrer Kindheit selber so einen imaginären Freund, der Sie über eine längere Zeit hinweg begleitet hat?

Gemäß meinem Austausch mit Simon ist zu Beginn unserer Kindheit das Band zu unserem vorherigen Dimensionsaufenthalt noch sehr ausgeprägt vorhanden. Ein sensitives Kind kann also problemlos mit seinen Gedanken von der diesseitigen in die jenseitige Welt wechseln. Dabei kann es Dinge wahrnehmen, für die wir Erwachsenen sofort eine plausible Erklärung bereithalten. Es kann aber durchaus real sein, wenn Kleinkinder von einem Jungen, einem Mädchen oder sogar einem erwachsenen Wesen erzählen, das sich immer wieder bei ihnen aufhält. Es würde auch gar nichts bringen, den Kindern das ausreden zu wollen.

Um wen handelt es sich hier?

Es gibt zwei unterschiedliche Gruppen von Wesen, die Kleinkinder wahrnehmen können. Ich beziehe mich hier nur auf gute Wesen, die nur das Beste für die Kinder im Sinn haben. Auf der einen Seite sind es Lichtwesen oder Engelwesen (Schutzengel) und auf der anderen Seite handelt es sich um eine Gruppe von Seelen, die unsere Welt bereits wieder verlassen haben. So kann es sein, dass sich das Kleinkind über einen Zeitraum von zwei bis drei Jahren mit seiner verstorbenen Großmutter austauschen und diese auch sehr genau beschreiben kann. Dies, obwohl es sie noch nie zuvor gesehen hat, weil die Großmutter bereits vor seiner Geburt gestorben ist.

Meist sind es jedoch Freunde, sogenannte Seelenbeziehungen aus anderen Dimensionen, die das Kleinkind genauso wahrnehmen kann wie ihre eigenen Eltern und Geschwister.

Mit dem Beginn der Schulzeit hören diese engen Kontakte zu den imaginären Freunden meist von einem Tag auf den anderen auf. Unterstützt durch gutgemeinte Erklärungen der

Erwachsenen, dass das alles doch nur in der Fantasiewelt des Kindes bestanden habe.

Mein Kontakt zu Simon, den ich als ein *Lichtwesen* bezeichne, hat anscheinend über all die Jahrhunderte nie aufgehört. Immer, wenn ich den Sternenhimmel betrachte, stelle ich mir vor, dass er irgendwo auf einem dieser Milliarden von Sternen existiert und mir und vielen anderen Erdenwesen durch sein Leuchten den richtigen Weg zeigt.

Ich sehe Simons Mitteilungen in geschriebenen Worten, alle ohne Punkt und Komma aneinandergereiht, meist mit dazu passenden Bildfragmenten und Filmsequenzen ergänzt. Dabei fühle ich mich gut oder eben weniger gut, je nach Schweregrad der Frage meiner Klienten oder wenn Simons Nachricht weniger positiv ausfällt als erhofft.

Ich habe in den letzten Jahren festgestellt, dass bei sehr wichtigen Fragen für mich oder andere Personen gewisse »Umfeldkonstellationen« hilfreich sein können.

Da sind zum Beispiel die Sonntage. Diese Tage sind ruhiger und mit weniger Hektik verbunden als die restlichen Wochentage. Sehr gute und klare Gespräche mit Simon habe ich auch immer am Wasser, bei viel Sonne und Licht oder an Orten mit einer sehr guten energetischen Schwingung. Diese gute Atmosphäre ist vor allem an sogenannten *Kraftorten* stark spürbar.

Meine allerliebste Tageszeit, um mich mit Simon zu unterhalten, ist jedoch die Abenddämmerung. Die Amerikaner bezeichnen diese Zeitspanne als »Gloaming«. Gemeint ist damit die Zeit, wenn sich der Tag und die Nacht die Hand reichen. Die Sonne versinkt ganz langsam, und aus dem Dunklen sind die ersten Sterne sichtbar. Zu diesem Zeitpunkt ergeben sich für mich die wertvollsten Kommunikationen.

Meinen regen Austausch beim Sternenflüstern mit Simon habe ich zu einem großen Teil über all die Jahre schriftlich festgehalten. Dazu kommen viele Fallbeispiele und Rückmeldungen der Menschen, denen ich mit der Unterstützung von Simon helfen konnte. In den folgenden Kapiteln greife ich dabei auf die für mich wertvollsten Gespräche zurück. Vielleicht werden Sie sich selber in einzelnen Themen »wiederfinden« und aus dem einen oder anderen Kapitel einen für Ihr eigenes Leben brauchbaren Ansatz umsetzen können.

**Bleibe immer eine erstklassige Version
von dir selbst
anstatt eine zweitklassige
von jemand anderem.**

Always be a first-rate version of yourself
instead of a second-rate version of someone else.

– Judy Garland –

Kapitel 1

Die Erde als Entwicklungsplanet

Mein **Lebensplan**

»Bevor du dich entscheidest, wieder auf diesem Erdenplaneten zu inkarnieren, wird mit dir zusammen dein Lebensplan besprochen. Dein Lebensplan beinhaltet den Zeitpunkt deiner Erdeninkarnation (Geburt) und deine sämtlichen Koordinaten wie Wege, Ziele, Handlungen und Ereignisse deines gesamten Erdenlebens, bis hin zum genauen Zeitpunkt deiner Sterbestunde. Du kannst alles darin sehen, was mit dir in der für dich anstehenden Inkarnation geschehen wird.

Viele Wesen, die wieder inkarnieren möchten, stimmen dem speziell für sie abgestimmten Lebensplan zu. Sie finden das ihnen hier bei uns Gezeigte und Besprochene für sie machbar. So sind sie zum Beispiel einverstanden mit den für sie ausgesuchten Eltern; selbst wenn sie wissen, dass ihre Eltern sie nicht mit Wärme und Liebe empfangen oder sie durch deren Einfluss sogar ein schlimmes Leben haben werden. Sie stimmen auch schwerwiegenden Lebensabschnitten und

Schicksalsschlägen zu, weil sie wissen, dass sie sich dadurch weiterentwickeln und Karma aus früheren Leben abtragen können.

Hat die Inkarnation stattgefunden, also bereits nach deiner Geburt, vergisst du alles Besprochene und bist auf dich selbst gestellt. Das heißt, nicht ganz, denn jedes Erdenwesen wird von der Zeitspanne der Geburt bis zum Tod von mindestens einem Lichtwesen aus unseren Dimensionen begleitet. Ihr bezeichnet diese Wesen als »Schutzengel«. Ein schöner Name. Diese Lichtwesen haben tatsächlich den Auftrag, euch vor dem Schlimmsten in eurem Erdenleben zu beschützen und immer für euch da zu sein, wenn ihr sie braucht. Es ist deinem Schutzengel jedoch nur erlaubt einzugreifen, wenn du das auch wünschst. Er muss deine freie Entscheidung, deinen freien Willen in jeder Situation zulassen.

Die ersten Monate und Jahre nach deiner Geburt treffen die Eltern noch die Entscheidungen für dich. Aber bereits als Kleinkind, sobald du dich sprachlich ausdrücken kannst, möchtest du immer mehr selbstständig entscheiden. Dir wird dadurch schnell bewusst, dass jede deiner Entscheidungen für dich Konsequenzen hat. Du hast als inkarniertes Wesen zu jedem Zeitpunkt eine freie Wahl und kannst dich immer *für* oder *gegen* etwas entscheiden. Es hängt ganz von dir ab. Du hast sogar deinen freien Willen, dein Leben früher zu beenden, als es vorgesehen ist. Das wird aber von unseren Dimensionen aus nicht gerne gesehen. Wirst du in eine Situation verwickelt, die dir das Leben kosten könnte, aber deine Zeit ist noch nicht gekommen, dann muss dein Schutzengel eingreifen, damit du nicht zu früh zu uns zurückkehrst.

Wenn du mir über einen Erdenmenschen Fragen stellst, kann ich Einblick in seinen Lebensplan nehmen. Ich sehe genau, in welcher Lage er sich aktuell befindet, sehe seine nächste Lebensstation, sein nächstes Ziel und den mit ihm hier bei uns vorbesprochenen Weg dorthin. Der Erdenmensch kann sich jetzt aber für einen völlig anderen Weg entscheiden. Der Weg ans nächste Ziel ist ihm vielleicht zu mühsam oder seine Bekannten und Freunde versuchen, ihn mit ihren Ratschlägen zu beeinflussen. Vielleicht braucht er nun länger, bis er sein nächstes Ziel erreicht, oder er wird es nie erreichen. So gibt es Erdenmenschen, die alles Geplante aus ihrem Lebensplan in ihrer jetzigen Erdeninkarnation erfüllen können, und andere, die nur einen Bruchteil davon schaffen. Diese werden ihre unerledigten Angelegenheiten in der nächsten Dimension oder in einer nächsten Inkarnation aufarbeiten müssen. Viele von euch machen auch große Schritte in ihrer Entwicklung zurück, weil sie mit ihren Gedanken, Worten und Handlungen neues negatives Karma erzeugen.

Viele Erdenmenschen geben ihren Eltern, der Familie oder dem Umfeld, in dem sie aufgewachsen sind oder sich zum aktuellen Zeitpunkt bewegen, die ganze Schuld für den Verlauf ihres Lebens und ihrer Lebensumstände.

So fragen sich jeden Tag Millionen von Erdenmenschen, weshalb gewisse Dinge nur ihnen passieren, und warum gerade sie dieses Schicksal erleiden oder mit anderen Erdenmenschen durchleben müssen. Ihr sprecht immer wieder darüber, dass das Leben unfair und ungerecht sei, was aufgrund der täglichen Flut von Negativmeldungen und schlimmen Ereignissen durchaus verständlich ist. Dazu kommt, dass ihr den Lebensplan der anderen Erdenmenschen nicht kennt und deshalb auch nicht nachvollziehen und begreifen könnt, weshalb es einem

Wesen gut oder schlecht ergeht oder durch welche Gedanken und Handlungen es sich sein Schicksal selbst erschaffen hat.

Es ist also von großer Bedeutung, dass ihr darüber informiert seid, dass eure Grundstruktur des jetzigen Erdenlebens für jeden Einzelnen von euch in einem göttlichen Plan angelegt ist, in eurem Lebensplan. Ihr habt unter Umständen sehr viele solcher Lebenspläne zu durchlaufen, bis ihr euch auf die nächste Entwicklungsstufe, die nächste Dimension, einstimmen dürft. Wenn ihr wieder zu uns zurückkommt, wird euer Lebensplan mit euch besprochen, und es wird euch dann bewusst werden, was ihr im jetzigen Leben gut gemacht habt und was ihr hättet anders machen können.

Vergiss nie, dass du alleine die Verantwortung für deine Entscheidungen und deren Auswirkungen trägst!«

Woher – Wohin

»Du hast dich schon oft gefragt, woher du kommst und wohin du nach diesem Leben gehen wirst. Das ist eine sehr komplexe Frage. Es ist für euch Erdenmenschen nicht einfach, die Antworten darauf zu verstehen. Sobald ihr aber wieder zu uns zurückgehrt seid, wird euch alles ganz einfach und vollkommen klar erscheinen.

Der Prozess, den ihr Leben nennt, existiert in dieser Form nur auf eurem Erdenplaneten. Die meisten von euch sind sehr alte Wesen, die schon unzählige Male in den unterschiedlichsten Situationen und mit wechselnden Geschlechtern inkarniert gewesen sind. Einige von euch werden aber von uns ausgewählt oder haben sich freiwillig dafür entschieden, das erste – und vielleicht auch das letzte – Mal auf diesem Planeten zu inkarnieren, um damit der gesamten Menschheit zu helfen.

Zur Frage, woher du kommst, kann ich dir gerne eine für dich plausible und nachvollziehbare Erklärung geben. Der Erdenmensch ist zum jetzigen Zeitpunkt seiner Entwicklung aber noch nicht dazu fähig, sämtliche Zusammenhänge zu verstehen.

Dein Leben, das du kennst und jeden Tag lebst, ist nicht dein wirkliches Leben. Deine reale Existenz führst du hier in unseren Dimensionen. Du hast dich ja schon sehr oft gefragt, wo du dich in dem Drittel deines Lebens aufhältst, in dem du schläfst.

Ohne deinen Schlaf würdest du das Leben auf deinem Erdenplaneten nicht überstehen. Im Schlaf kehrst du jedes Mal in unsere Dimensionen zurück. Ihr habt eine Redensart, die perfekt auf diese Situation zutrifft: ›*Der Schlaf ist der kleine Bruder des Todes.*‹ Das bedeutet, jeder Schlaf ist ein kleines Sterben. Du gehst also bereits jetzt schon jeden Abend dorthin zurück, wo du auch nach deinem Tod für eine bestimmte Zeit bleiben wirst. Hier gehörst du einer Seelenfamilie an, innerhalb derer du dich weiterentwickeln kannst und die dich in allen Belangen unterstützt.

Während du schläfst, verlässt deine Seele den Körper, und es ist uns Lichtwesen möglich, mit dir über anstehende oder noch nicht abgeschlossene Lebensumstände zu kommunizieren, dir Mut und Hoffnung zu schenken und deinen Körper und Geist wieder zu heilen. Du weißt von dir oder anderen Erdenmenschen, dass sie am Morgen nach dem Aufwachen plötzlich eine Lösung für ihr Problem haben oder wieder mit positiver Energie gestärkt den Alltag aufnehmen können. Auch dafür existiert bei euch eine Redensart: »Schlaf mal drüber.«

Für uns ist diese Verbindung zu euch während des Schlafes sehr wichtig. So bestärken wir euch darin, nicht aufzugeben, und bringen euch immer wieder in Kontakt mit eurem Lebensplan, den ihr gerne erfüllen möchtet.

Deine Seelenfamilie in unseren Dimensionen wird für eine lange Dauer (bei uns existiert keine Zeit wie bei euch) deine wirkliche Familie bleiben. Einige Wesen aus dieser Seelenfamilie sind zeitgleich mit dir inkarniert, andere unterstützen dich aus unseren Welten.

Dein jetziges Leben, das die meisten von euch als ein einmalig gelebtes Leben betrachten, ist nur ein Sekundenbruchteil deiner gesamten Entwicklung. Du begegnest während deines Aufenthaltes auf diesem Planeten immer wieder Menschen, zu denen du dich besonders hingezogen fühlst. Da gibt es zwei Gruppen: Die erste Gruppe besteht aus Mitgliedern deiner übergeordneten Seelenfamilie; in der zweiten Gruppe hast du es mit Wesen zu tun, mit denen du schon in anderen Inkarnationen zusammen gewesen bist. Bei oder mit ihnen musst du noch nicht erledigte Sachen abschließen, oder du bist wieder eine gewisse Wegstrecke mit ihnen zusammen, um deine Lebensplanziele zu vervollkommnen.

Deine Frage, *wohin* du nach deinem Erdenleben gehen wirst, ist somit bereits beantwortet. Du kehrst nach deinem Tod zu deiner Seelenfamilie zurück. Die Mitglieder einer Seelenfamilie haben ähnliche Herausforderungen zu bewältigen. Mit jedem gelösten Auftrag eines Wesens aus dieser Familie kann sich die Seelenfamilie gesamthaft weiterentwickeln und mit all ihren Mitgliedern gemeinsam in die nächsthöhere Dimension übertreten. Bevor du dich aber wieder deiner Seelenfamilie anschließen und dich an neue Entwicklungsaufgaben herantasten darfst, warten noch verschiedene Anpassungsphasen auf dich.

Bist du in einem deiner Erdenleben vor deinem Tod lange krank oder körperlich schwach gewesen, wirst du zuerst in eine Art Erholungsschlaf versetzt und darfst anschließend mit Lichtwesen dein abgeschlossenes Leben besprechen. Du wirst sämtliche Dinge noch einmal spüren und durchleben, die guten und die weniger schönen Erfahrungen. Du wirst realisieren, was dir gelungen ist und wo du versagt oder anderen Menschen Leid und Kummer zugefügt hast. Dadurch wirst du bestimmte Sachen aufnehmen, die in deinen Lebensplan für die nächste Inkarnation eingebaut werden.

Es wird also nicht, wie von euch Erdenmenschen oft angenommen, irgendein Gott sein, der dich richtet und verurteilt. So etwas macht Gott nicht. Du wirst dich selbstkritisch hinterfragen und für dich allein beurteilen, was du in deinem Leben hättest anders machen können. Du wirst an vielen Lebenssituationen eine große Freude haben, aber auch viele Dinge zutiefst bedauern.

Diese Spirale von Kommen und Gehen kann sich über Jahrhunderte eurer Zeitrechnung fortsetzen. Wie lange ihr von einer Inkarnation bis zur nächsten warten müsst, hängt von euch selbst ab. Im Moment wollen Millionen von Seelen auf eurem Erdenplaneten inkarnieren. Sei es, weil sie sich auf diesem Erdenplaneten rascher entwickeln können oder einfach nur, weil sie den Umgang mit den weltlichen Sinnesorganen vermissen.«

Mein persönliches **Umfeld**

»Dein Umfeld, in das du hineingeboren wirst, hat einen enorm starken Einfluss auf die Entwicklung in Bezug auf deinen Lebensplan.

Es ist nie Zufall, zu welchen Eltern du kommst oder wer deine Geschwister sind. Deine Familienkonstellation ist sehr entscheidend und trägt extrem viel dazu bei, dass du dich anhand deiner gewählten Herausforderungen weiterentwickeln oder angehäuftes Karma aus früheren Leben abbauen kannst.

Auch dein privates und berufliches Umfeld spiegelt jeweils genau deinen IST-Zustand wider, an dem du arbeiten musst. So suchst du dir einen Freund, eine Freundin, einen Vorgesetzten oder deine eigenen Kinder bewusst aus, um aus konkret anstehenden Situationen etwas für deine Weiterentwicklung zu lernen.

Viele Erdenmenschen werden von unseren Dimensionen aus gezielt miteinander verbunden, um sich gegenseitig weiterzuhelfen und um ein bestimmtes Verhalten bei sich oder beim Gegenüber zu korrigieren oder zu ändern

Oft darfst du in deinem Leben Erdenmenschen begegnen, die auf dich einen starken, positiven Einfluss ausüben, die dich unterstützen und weiterbringen, die dich lieben und alles für dich machen würden. Oft musst du aber auch mit Erdenmenschen in Kontakt treten, die dir viel Kummer und Leid bescheren und von denen du dir wünschst, du hättest sie nie im Leben getroffen. Aber auch diese Menschen sind Teil deiner Lebensaufgabe, Teil deiner Entwicklung. Nur mit ihnen kannst du das lernen, was du dir in deinem Lebensplan für diese Inkarnation vorgenommen hast.

Erdenmenschen, die euch besonders nerven oder mit denen sich ein Konfliktpotenzial ergibt, sind meist Spiegel von euch selbst. Irgendetwas in euch wird berührt, das euch missfällt, weil es zu eurem jetzigen Leben gehört oder in einem früheren Leben einmal Bestandteil eures Charakters gewesen ist.

Viele Erdenmenschen treten in euer Leben, um euch aufzuzeigen, wie ihr selber einmal in einem früheren Leben gewesen seid. Ein arroganter, herablassender, unsensibler und unfreundlicher Chef kann genau die Eigenschaften verkörpern, die in einer früheren Inkarnation einmal für euch typisch gewesen sind. Nun müsst ihr an eurem eigenen Körper erleben, wie sich das anfühlt, beziehungsweise wie es sich damals angefühlt hat. Damit ist euer Lernprozess diesbezüglich abgeschlossen.

Wenn ihr immer wieder mit ähnlich negativ eingestellten Erdenmenschen zusammenkommt, wisst ihr, dass es erst eine Lösung geben wird, wenn ihr eure Einstellung und eure Lektion gelernt habt.

Dein Umfeld und die Menschen, die sich darin bewegen, sind immer ein Spiegel von dir selbst.«

Meine Erdenjahre in Siebenerschritten

»Innerhalb unserer Kommunikation habe ich dir immer wieder mitgeteilt, dass das Universum nach genauen mathematischen Strukturen aufgebaut ist. Die »Blume des Lebens«, an die ich dich in deinem jetzigen Leben immer wieder herangeführt und in Verbindung gebracht habe, zeigt diesen mathematischen Aufbau klar und deutlich.[*]

So ist auch eure Lebenszeit als Erdenmenschen in »Siebenerschritte« eingeteilt.

Jeweils nach Abschluss von sieben Erdenjahren beginnt für euch wieder eine neue Lern-, Herausforderungs- und Entwicklungsphase.

---

[*] Bereits Leonardo da Vinci beschäftigte sich mit der Form und den mathematischen Proportionen des Ornaments. Die *Blume des Lebens* erscheint in den unterschiedlichsten Kulturen, und das Ornament wird meist in Kirchen, Tempeln, Profanbauten, Grabanlagen oder Kunstobjekten gefunden. Eine der ältesten Darstellungen der Grundstruktur, als sich wiederholendes Muster, findet sich auf der Türschwelle des Palastes von König Aššur-bāni-apli in Dur Šarrukin aus dem Jahr 645 v. Chr., die heute in der assyrischen Abteilung des Louvre gezeigt wird.

Geburt bis 7. Erdenjahr

Dies ist eine Phase der Angewöhnung für euch Erdenmenschen, ungefähr mit der Phase gleichzusetzen, die du nach deiner Rückkehr zu uns erwarten wirst. Sie ist zeitlich allerdings nicht im gleichen Umfang vorstellbar, denn bei uns existiert weder eine Vergangenheit noch eine Zukunft. Wir haben nur eine einzige Zeit, das JETZT. Es geschieht immer alles gleichzeitig, und ihr könnt in unseren Dimensionen problemlos alle Dinge wahrnehmen, die bei euch entweder in die Vergangenheit oder in die Zukunft einzuordnen sind.

In den ersten sieben Jahren bist du mehr oder weniger stark mit deiner Erdenfamilie verbunden, obwohl bereits zu dem Zeitpunkt schon sehr viele von euch diese Geborgenheit nicht erfahren dürfen. Es wird für die meisten von euch gesorgt, und es werden praktisch alle Entscheidungen für dich von anderen getroffen. In dieser Phase wird die Basisstruktur deines Charakters gebildet, der sich in den Folgejahren nicht mehr stark verändern wird.

In diesem Lebensabschnitt hast du von deiner Familie mitbekommen, wie es in der Welt zugeht. Was von deinen Eltern akzeptiert oder abgelehnt wird, stellt die Weichen für deine eigene Grund- und Wertehaltung. Für die Eltern oder Erziehenden bedeutet dies eine enorme Verantwortung: Was sie in diesen Jahren ihrem Kind vorleben und weitergeben, wird sein zukünftiges Leben stark beeinflussen und prägen. Seid deshalb vorsichtig mit dem Bewerten und Verurteilen von Menschen und Situationen. Eure Ansicht und Einstellung zu allen Dingen wird vom Kleinkind unbewusst aufgenommen und verarbeitet.

7. bis 14. Erdenjahr

Das Kind wird langsam aus der Erdenfamilie herausgelöst und muss sich mit Gleichaltrigen messen und vergleichen. Die ersten größeren An- und Herausforderungen im zwischenmenschlichen Bereich stehen an.

In der Schule wird die Erfahrung gemacht, dass nur diejenigen wirklich gut sind, welche die erwartete Leistung vollbringen und sich angepasst verhalten können. Für sehr viele Erdenkinder eine sehr schwierige Zeit, in der sie lernen müssen, dass man nur dann dazugehört, wenn man die gewünschten Kriterien der anderen Erdenmenschen erfüllt.

Die Erziehungs- und Lehrpersonen übernehmen während dieser Jahre eine enorme Verantwortung. Das Kind verbringt den Großteil seines Alltags im schulischen Umfeld. Auch hier prägen sich durch Ereignisse tagtäglich Programme ins Unterbewusstsein ein, die einen Erdenmenschen für das ganze Leben prägen können.

Durch die Aneignung von Wissen und das Zusammenarbeiten mit gleichaltrigen, aber doch sehr unterschiedlich weit entwickelten Erdenmenschen sollen die Kinder dazu befähigt werden, sich im Leben behaupten zu können. Sensitive Kinder haben es während dieser Zeit besonders schwer und müssen oft stark unter den Gleichaltrigen oder unter nicht einfühlsamen Eltern und Lehrpersonen leiden.

14. bis 21. Erdenjahr

Die Jugendlichen versuchen, sich abzunabeln und ihren eigenen Weg zu beschreiten. Vielen gelingt das gut, andere haben damit große Probleme. Die Weichen für den Start in ein eigenständiges Leben werden gestellt.

Dies ist keine einfache Phase für die Erdenmenschen, die sich in dieser Zeitspanne befinden. Sie müssen lernen, mit großen Herausforderungen umzugehen, sich im Alltag zu behaupten und ihren Platz in der Gesellschaft zu finden.

Hier brauchen die Erdenkinder die intensive Begleitung und Unterstützung aus unseren Dimensionen ganz besonders. Jetzt sind sie sehr stark durch ihr Umfeld beeinflussbar und möchten am liebsten oft alles gleichzeitig ausprobieren. Leider wählen während dieser Phase viele Jugendliche gefährliche Substanzen oder im schlimmsten Fall sogar den Freitod, um der vermeintlichen Sinnlosigkeit, Ausweglosigkeit und emotionalen Leere zu entrinnen. Im Falle eines Suizids verstehen sie unmittelbar nach ihrer Rückkehr in unsere Dimensionen, dass dies die falsche Entscheidung war. Sie bereuen, ihr Leben in einem unbedachten Augenblick beendet und dadurch wertvolle Chancen verpasst zu haben.

Während dieser Phase hinterfragen die Jugendlichen viele Dinge, die für sie bis dahin verständlich und nachvollziehbar gewesen sind. Von der Kritik am meisten betroffen sind die Wertvorstellungen von ihren Eltern oder von anderen Erwachsenen.

Oft beginnen sie sich auch für unsere Welten zu interessieren und sich damit auseinanderzusetzen. Gerade während dieser vielleicht schwierigsten Phase für euch Erdenwesen benötigt ihr nicht nur verstärkt den göttlichen Schutz, sondern auch die volle Unterstützung durch die anderen Erdenmenschen.

21. bis 28. Erdenjahr

Ihr seid so weit entwickelt, dass ihr euer Leben alleine führen könnt. Jetzt stehen bei euch vor allem die materiellen Werte im Vordergrund. Ihr bezeichnet das Streben nach Geld und Macht mit dem Wort »Karriere«. Ihr habt verstanden und akzeptiert, dass ihr als Erdenwesen in eine Art Maschine eingespannt werdet, deren Räder sich in den kommenden Jahren immer schneller drehen werden.

Dies sind die Lebensjahre, in denen der Körper und die Sinne ganz stark im Vordergrund stehen. Die Erdenwesen verspüren oft das Gefühl, nicht alleine sein zu wollen, und sind auf der Suche nach einer Begleitperson. Dies ist bei der immer schneller werdenden Entwicklung und aufgrund der Vielfalt der sich bietenden Möglichkeiten für euch immer schwieriger geworden. Viele wechseln Menschen und Beziehungen wie Kleidungsstücke. Obwohl ihr den für euch passenden Erdenmenschen eigentlich anziehen möchtet, weil ihr euch tief im Inneren nach Zuneigung und Liebe sehnt, stoßt ihr ihn durch euer Verhalten oft eher weg. Der menschliche Egoismus hat während dieser Jahre Hochkultur. Ihr wollt im Mittelpunkt stehen und habt Angst, bestimmte Dinge im Leben nicht zu erreichen oder – für euch noch schlimmer – zu verpassen. Die erwähnten Strukturen können sich auch stark in die nächsten Lebensjahre weiterziehen.

28. bis 35. Erdenjahr

Viele Erdenmenschen haben einen zu ihnen passenden Partner gefunden und befinden sich beruflich an einem Ort, den sie angestrebt und auch erreicht haben. Soweit dies nicht schon im letzten »Siebenerschritt« vollzogen ist, entsteht nun oft der Wunsch, eine Erdenfamilie zu gründen. Ihr möchtet euer Wissen, eure bisher gemachten Erfahrungen und eure Liebe gerne an neue Erdenwesen weitergeben und für diese die Verantwortung übernehmen.

Leider machen viele von euch diesen Schritt nur deshalb, weil es in der großen Masse auf eurem Planeten so üblich ist. Das erkennt ihr an der Gleichförmigkeit und den angepassten Formen der heute bestehenden Familien. In einer großen Mehrheit der Familien sind identische Strukturen vorhanden, was die Anzahl der Kinder oder typische Eigenschaften und Charaktermerkmale hinsichtlich Alltag und Erziehung anbelangt.

In eurer jetzigen Erdensituation ist es so, dass meist beide Partner einer Erdenfamilie im Berufsleben stehen. Da die beruflichen Herausforderungen während dieses »Siebenerschritts« oft besonders groß werden, können erste Anzeichen von Druck, Überforderung und Unzufriedenheit entstehen, die sich unter Umständen stark auf das Leben der Erdenfamilie auswirken.

35. bis 42. Erdenjahr

Der Höhepunkt eures Erdenlebens ist erreicht. Viele Erdenwesen sind »angekommen« und fühlen sich in den von ihnen erschaffenen Bereichen und den dazugehörenden Lebensumständen wohl und geborgen. Bei anderen beginnt bereits wieder eine immer stärker aufkommende Unzufriedenheit mit der aktuellen Lebenssituation und der damit verbundene große Wunsch nach einer Veränderung.

Jeder Erdenmensch entwickelt sich mit einer unterschiedlichen Geschwindigkeit, die in Bezug zu seinen Lebensaufgaben und zu seinem persönlichen Karma stehen. Es kann deshalb sein, dass zwei Erdenmenschen plötzlich nicht mehr im Einklang miteinander leben oder sich sogar immer weiter voneinander entfernen. Nun steht die Frage im Raum, ob die Liebe zwischen den beteiligten Erdenwesen diese neue Herausforderung überstehen kann oder nicht.

In der heutigen Erdenzeit geschen in diesem Abschnitt viele Trennungen, ausgelöst durch die immer schneller werdende Vergänglichkeit aller Dinge, die große Vernetzung und die sich dadurch bietenden Möglichkeiten. Dies ist oft auch die Phase, in der viele an dem Punkt angekommen sind, an dem es ihnen schwerfällt oder gar nicht mehr möglich ist, sich in andere Menschen hineinversetzen zu können. Wir sehen bei euch ein ganzes Meer von Erdenwesen geprägt von Gefühllosigkeit sich selbst und anderen gegenüber. Das bereitet uns in unseren Dimensionen große Sorgen. Dieser Umstand wird euch immer mehr voneinander entfernen, sogar von euch selbst.

42. bis 49. Erdenjahr

Für viele von euch beginnt jetzt noch einmal ein Neubeginn, sei dies auf privater oder/und auf beruflicher Basis. Jetzt möchtet ihr alles besser und vor allem »anders« machen. Tatsache ist, dass ihr das bisher geführte Erdenleben nicht einfach abschütteln könnt. Es wird für immer ein Teil von euch bleiben und eure Gedanken, Worte und Handlungen während der vergangenen Erdenjahrzehnte werden euren weiteren Lebensverlauf prägen.

Eine gewisse Lethargie hat sich eingeschlichen, und ihr spult das Leben im meist gleichen Rhythmus ab. Diejenigen die eine Familie und Kinder haben, sind noch immer stark gefordert. Die Probleme der Kinder oder des Partners stehen oft viel mehr im Mittelpunkt als die eigenen. So füllen viele ihre täglichen Konversationen bloß mit Inhalten über das Leben ihrer Kinder oder unterhalten sich größtenteils nur noch über außenstehende Personen. So lenkt ihr von eurer eigenen Unzulänglichkeit ab, euch über Wünsche und Gefühle auszutauschen.

In diesem Abschnitt realisieren viele Erdenwesen, dass sie sich durch zu starke Anpassung oder Vernachlässigung der eigenen Bedürfnisse verändert haben.

Durch Fehlverhalten und Abnutzung in den letzten Lebensjahren treten erste körperliche Veränderungen auf. Es werden Krankheiten diagnostiziert.

49. bis 56. Erdenjahr

Ihr beginnt darüber nachzudenken, was ihr mit eurem Leben nach Beendigung der Arbeitszeit machen wollt. Bei vielen Erdenmenschen, deren Lebensinhalt sich bisher nur auf ihre Arbeit konzentriert hat, entwickelt sich Angst, wie sie mit der Zeit danach umgehen sollen.

Es existiert bereits die Nachfolgegeneration der eigenen Kinder. Ihr werdet zu eurer Verwunderung feststellen, dass ihr zu den Kindern eurer Kinder oft eine noch größere Zuneigung und Liebe entwickelt. Dies ist so, weil ihr euch in den Folgegenerationen besser spiegeln und somit wiederentdecken könnt. Zum einen, weil ihr jetzt eine bestimmte Reife entwickelt habt, zum anderen, weil ihr keine direkte Verantwortung mehr für diese Generation Kinder übernehmen müsst und deshalb einen viel lockereren Umgang mit ihnen habt.

Die Beziehung zur Nachfolgegeneration eurer eigenen Kinder ist für beide Seiten eine große Bereicherung. Das Band zwischen einem Erdenkind und seinen Großeltern ist etwas Wunderbares und Einzigartiges. Durch diese Verbundenheit schließt sich ein Kreis. Ihr befindet euch in einer Phase, in der ihr durch bestimmte Vorkommnisse ab und zu mit dem Gedanken in Berührung kommt, irgendwann wieder in unsere Dimensionen zurückkehren zu müssen. Diese Erdenkinder wurden gerade erst inkarniert und stehen noch am Anfang ihrer Erdenentwicklung. Versucht, ihnen so viel wie möglich mitzugeben! Gemeint sind damit aber nicht nur wohlgemeinte Ratschläge, sondern vor allem eure wertvollen Lebenserfahrungen und viel Liebe.

56. bis 63. Erdenjahr

Dies ist die Endphase eurer beruflichen Tätigkeit. Ihr nehmt langsam Abschied aus dem Räderwerk der Berufsmaschinerie und dem Umfeld der Arbeitskollegen.

Viele Erdenwesen stellen mit Bedauern oder sogar Angst fest, dass sie für ihren Einsatz im Beruf oder mit dem sorglosen

Umgang ihres Lebenswandels die Entwicklung körperlicher Beschwerden in Kauf genommen haben, die sich jetzt immer mehr bemerkbar machen.

Hier kommt auch der Zeitpunkt des Abschiednehmens von einer hektischen und lauten Lebensphase, in der ihr sehr oft wichtige Lebensbedürfnisse unterdrücken musstet oder gänzlich auf sie verzichtet habt.

Für diese Erdenphase ist es sehr wichtig, dass ihr euch in den vergangenen Jahren ein gutes Netzwerk an Freunden in einem harmonischen Umfeld geschaffen habt oder/und in eurer eigenen Familie eine Basis des Aufgehobenseins und des Gebrauchtwerdens erfahren und in Anspruch nehmen könnt.

Ab dem 63. Erdenjahr

Nun beginnt für euch noch einmal eine ganz wichtige Lern– und Entwicklungsphase. Für viele Erdenmenschen stellt dies eine lang ersehnte Möglichkeit dar, sich wieder auf die wesentlichen Dinge der jetzigen Erdeninkarnation zu konzentrieren. Das bedeutet, Zeit zu haben für Sachen, die man über viele Erdenjahre aufgeschoben hat. Zeit zu haben für Menschen, die einem etwas bedeuten und die man gerne hat.

In dieser Phase besteht für euch die Möglichkeit, bestimmte noch nicht ausgebildete Eigenschaften zu verstärken, denen ihr bis jetzt zu wenig oder gar keine Aufmerksamkeit geschenkt habt, wie Geduld, Verständnis, Einfühlungsvermögen, Anteilnahme, Hilfsbereitschaft und viele andere. Es werden Erdenmenschen in euer Leben treten, die diese Eigenschaften in euch auslösen, und es werden Ereignisse aus eurem Lebensplan eintreten, die bestimmte Lernsituationen geradezu provozieren.

Während der Schlafenszeiten, in denen ihr jeweils zu uns zurückkehrt, arbeiten wir nun intensiv an der Endphase zur Erfüllung eures Lebensplans, den ihr vor eurer Inkarnation mit uns besprochen und aufgestellt habt. Wir sprechen euch Mut zu, noch dieses oder jenes in Angriff zu nehmen, und unterstützen euch in allem, was euch Sorgen und Ängste bereitet.

Was uns hier sehr beschäftigt und schmerzt, ist der Umstand, dass so viele Menschen auf dem Erdenplaneten im fortgeschrittenen Alter alleine sind und niemanden mehr haben, dem sie ihre Sorgen und Probleme anvertrauen können.

Ihr habt ein System entwickelt, das für euch zwar eine Entlastung darstellt, aber für die älteren Menschen oft eine Art Abschieben in die Isolation bedeutet. Ihr bezahlt viel Geld für die Unterbringung dieser Erdenmenschen in Institutionen, die ihr als Altersheime bezeichnet. Ihr habt keine Zeit, euch mit diesen älteren Menschen abzugeben oder gar für sie zu sorgen. Eure eigenen Bedürfnisse, eure Arbeit und das damit erworbene Geld stehen bei euch im Vordergrund. Materielle Dinge sind euch wichtiger als die Betreuung der Menschen, die euer Leben lang für euch dagewesen sind und ohne die ihr keine Chance erhalten hättet, auf dem Erdenplaneten zu inkarnieren.

Zum Abschluss unseres Gesprächs über die »Siebenerschritte« in eurer Lebensentwicklung möchte ich dir mitteilen, dass das Wertvollste, das du einem anderen Erdenmenschen schenken kannst, deine *Zeit* ist. Du verdienst dadurch die größte Anerkennung und den Segen aus dem Universum.«

**Jeder Tag bringt dir die Chance,
tief Atem zu holen.
Ziehe deine Schuhe aus ... und tanze.**

Every day brings a chance for you to draw in a breath.
Kick off your shoes... and dance.

– Oprah Winfrey –

Kapitel 2

Orientierungslos

Verlust des **Lebensziels**

»Du weißt inzwischen, dass du dir für das jetzige Leben ganz bestimmte Ziele ausgesucht hast, Ziele, an denen du meist hart arbeiten musst. Du bist nicht auf diesem Erdenplaneten inkarniert, um deine Zeit sinnlos verstreichen zu lassen, sondern um sie so effizient wie nur möglich zu nutzen. Die meisten von euch bringen Effizienz in Verbindung mit hektischem Berufsalltag, Stress und einer möglichst schnellen Anhäufung von materiellen Werten und Geld. Gemeint sind aber das Üben und der Ausbau von charakterlichen und seelischen Eigenschaften wie Einfühlsamkeit, Verständnis, Hilfsbereitschaft, Toleranz, Lieben, Verstehen, Verzeihen, Geduld und Loslassen.

Gelingt es dir nicht, gewisse Ziele in einer dir selbst vorgegebenen Zeit zu erreichen, beginnt bei dir eine Spirale der Enttäuschung. Du siehst deine Lebensziele immer weniger oder verlierst sie schlimmstenfalls ganz aus deinen Augen.

Eine tiefe Unzufriedenheit stellt sich ein. Deine alltäglichen Aktivitäten werden von dir immer wieder und immer mehr infrage gestellt. Du beginnst, Dingen, Situationen und deinen Mitmenschen gegenüber gleichgültig zu werden. Dadurch wird dein Egoismus ausgeprägter, was sich wiederum als zusätzliches Hindernis für die Erreichung deiner Lebensziele auswirkt. Du lebst in einer von dir selbst erschaffenen Welt, in die du andere Personen in deinem Umfeld, bewusst oder unbewusst, immer weniger mit einbeziehst.

Hast du deine Lebensziele und den Glauben, sie verwirklichen zu können, erst einmal verloren, wird dir dein Leben sinnlos und leer erscheinen. Du siehst nur noch dich und deine eigenen Probleme. Du bist nicht mehr Teil des *Ganzen,* und es wird für uns schwierig, dich zu unterstützen und dir zu helfen, wenn du uns gar nicht mehr hören kannst oder willst.

In einer solchen Verlorenheitsphase, in der für dich alles sinnlos erscheint, spielen deine Bezugspersonen eine entscheidende Rolle. Mit jedem Erdenmenschen, mit dem du in näheren Kontakt kommst, hast du eine Aufgabe zu erfüllen. Suchst du dir bewusst oder unbewusst Menschen aus, die in dir nur schlechte Eigenschaften auslösen und fördern, wird dein Weg an deine Ziele immer schleppender und beschwerlicher. Dies passiert auch durch eine Abstumpfung in verschiedensten Lebensbereichen. Es interessiert dich dann nur noch, was mit deinem eigenen Leben in direktem Zusammenhang steht. Das Mitgefühl für andere Erdenmenschen wird in der Verlorenheitsphase für die meisten von euch zunehmend unwichtiger.

Oft treten aber gerade jetzt Erdenmenschen in dein Leben, deren Aufgabe es ist, dich zu unterstützen, dir zu helfen und dir deinen weiteren Weg aufzuzeigen. Diese Erdenmenschen bleiben dann für eine gewisse Wegstrecke oder sogar für den Rest deiner Inkarnation bei dir.

Das bedeutet, dass die Menschen, mit denen du dich umgibst, dein Spiegelbild sind. Deshalb ist es sehr wesentlich, dass du dich freiwillig entscheidest, mit welchen Menschen du zusammensein willst. Ihr bezeichnet Erdenwesen, die für euch da sind, wenn ihr sie braucht, als Freunde. Grundsätzlich kann ohne Freunde niemand wirklich glücklich sein. Ihr braucht sie als Wegbegleiter, und zwischen euch muss sich eine Balance von Geben und Nehmen entwickeln.

Im (Berufs-)Alltag kannst du dir die Menschen nicht immer aussuchen. Aber sie sind für dich auch in diesem Bereich immer von Bedeutung und zur Erreichung deiner Lebensziele notwendig. Ohne andere Erdenmenschen wäre es dir gar nicht möglich, dich selbst zu entwickeln und zu finden. Nur durch Begegnungen und Austausch mit anderen Erdenwesen kannst du dich selber so sehen, wie du wirklich bist, und dich nach dem Menschen auf die Suche machen, der du gerne sein möchtest.

Bereits vor deiner Inkarnation wählst du die Menschen gezielt aus, mit denen du eine Wegstrecke in deinem Leben gehen möchtest oder mit denen du aus vergangenen Leben noch etwas zu bereinigen oder zu klären hast. Diese ausgesuchten Menschen werden genau zu dem Zeitpunkt in dein Leben treten oder dein Leben wieder verlassen, wenn eines deiner dir vorgenommenen Lebensziele in Angriff genommen werden muss oder bereits erreicht ist.

Versuche in deinem Leben immer wieder, über deine Lebensziele nachzudenken. Schätze und anerkenne die Ziele, die du bereits erreicht hast. Überlege dir, weshalb du in einem bestimmten Moment stehen bleibst und dich nicht mehr weiterentwickeln möchtest oder kannst. Was will dir diese Situation sagen? Was musst du zuerst aus dem Weg räumen, lernen und verstehen, bevor du deinen Weg weitergehen kannst?

Schwierig wird es für diejenigen Erdenmenschen, die gar keine Ziele mehr haben. Dies bedeutet oft, einfach ziellos von einem Tag auf den anderen zu leben und sich treiben zu lassen. Das mag für eine gewisse Zeit seine Berechtigung haben, doch wer das immer so handhabt, wird in seiner Entwicklung nicht vorwärtskommen. Lebensziele zu haben, bedeutet, *bewusst* zu leben und für sich und andere Erdenmenschen Verantwortung zu übernehmen. Je stärker du an deinen Lebenszielen arbeitest, desto mehr kannst du andere Erdenmenschen unterstützen und ihnen auf ihrem nicht immer einfachen Weg zu ihren eigenen Zielen behilflich sein.

Wenn du jetzt glaubst, jemand von denen zu sein, die keine Lebensziele mehr haben oder diese für dich nur noch verschwommen oder verzerrt wahrnehmbar sind, bitte das LEBEN darum, dich an deine einmal bewusst gewählten Ziele zu erinnern. Du hast sie vor deiner Inkarnation selber ausgesucht und mit uns besprochen. Das Universum wird dich immer dabei unterstützen, dass du diese Ziele nicht aus den Augen verlierst. Sie sind dein Lebensinhalt, dein Lebenselexier, der Grund, weshalb du überhaupt auf diesem Erdenplaneten inkarnieren wolltest.

Wenn du nach deinem jetzigen Leben zu uns zurückkommen wirst, werden wir deine erreichten und verpassten Lebensziele miteinander besprechen. Du wirst derjenige respektive diejenige sein, die dann darüber urteilen wird. Die Ziele, die du nicht

erreichen konntest, wirst du dir für ein weiteres Leben vorneh-
men oder sie in unseren Dimensionen während der Wartezeit
auf deine neue Inkarnation mit uns zusammen erarbeiten.

Lebensziele zum Wohle aller Erdenmenschen sind die Haupt-
motivation für eine erfüllte Inkarnation, für eine rasche Entwicklung und ein harmonisches Miteinander. Sie sollten immer das Leitmotiv in deinem Leben bleiben.«

Lebenssinn – Leere – **Sinnlosigkeit**

»Grundsätzlich macht jedes einzelne Leben Sinn. Jedes Erdenleben ist mit zahlreichen anderen Wesen verknüpft. So besteht die Möglichkeit, dass sich jede Handlung, jedes gesprochene Wort und jeder Gedanke vervielfachen und wieder zu uns zurückkommen kann.

Weshalb macht dein jetziges Leben Sinn? Du hast dir genau diese Zeitspanne und die darin agierenden Erdenmenschen ausgesucht, um deinen persönlichen Anteil zum ganzen Geschehen des Universums beizutragen. Du bist ein Teil von allem, zwar nur ein winzig kleiner Teil, aber alles, was du an Gedanken, Worten und Handlungen jeden Tag als Spuren deiner Existenz zurücklässt, wirkt sich auf das allumfassende Geschehen des ganzen Universums aus.

Euch ist oft nicht bewusst, dass ihr damit den Schlüssel zu einem wunderbaren oder schmerzerfüllten Leben in der Hand haltet. Ihr alle seid für den Fluss des Universums ein wichtiger Bestandteil. Jedes einzige Leben von euch macht Sinn, denn es beeinflusst alle anderen Entwicklungen in bedeutendem Maße.

Der persönliche Lebenssinn für eine bestimmte Inkarnation ist jedem Einzelnen von euch vor und direkt nach der Geburt voll und ganz bewusst. Weil ihr mit den Jahren nicht immer eurer Bestimmung gefolgt seid, entwickelt sich das Leben und das Leben der Mitmenschen in eurem Umfeld, das von euren Handlungen abhängt, nicht immer so, wie ihr es geplant habt. Innerlich spürt ihr zuerst eine Unzufriedenheit, die sich bis zur Verzweiflung entwickeln kann. Oftmals stellt ihr euch viele Fragen: Warum klappt das bei mir nicht? Weshalb mache ich immer wieder die gleichen Fehler? Weshalb bin ich nicht stark genug, um mich durchzusetzen? Weshalb werde ich von anderen so schlecht behandelt? Weshalb passiert das genau mir? Es macht ja alles keinen Sinn. – Mit der Zeit wirst du so an einen Punkt kommen, an dem du eine totale Leere in dir fühlst.

Diese Leere wird jedes inkarnierte Wesen einmal in seinem Leben fühlen. Die meisten Erdenmenschen werden irgendwann einmal an einen Punkt gelangen, an dem es scheint, dass es keinen Ausweg mehr gibt. Dann musst du dich dafür entscheiden, die entstandene Leere wieder mit Sinn zu füllen. Du darfst diesen Zustand der Sinnlosigkeit nicht aufrechterhalten. Er darf kein Dauerzustand für dich werden. Sinnlosigkeit bedeutet, keinen Einfluss mehr auf die persönliche Lebensentwicklung haben zu können. Du lässt dich von anderen steuern, lässt dich von allem treiben. Dein Leben scheint für dich sinnlos geworden zu sein, was nichts anderes bedeutet, als *dein Leben ist beendet*. Aus dem Lebenssinn ist eine große Leere und daraus eine tiefe Sinnlosigkeit entstanden. Leider sehen und spüren wir diesen Zustand, eine große Welle aus Angst und Verzweiflung, bei Hunderttausenden von Menschen auf eurem Erdenplaneten und möchten gerne eingreifen. Es ist uns aber nur erlaubt, wenn ihr uns darum bittet. Ihr habt einen freien Willen, den wir zu respektieren haben.

Um wieder aus dem Zustand der Sinnlosigkeit aufzuwachen, bedarf es eines tiefen Glaubens an das göttliche, universale

Gesetz. Dieses besagt, dass es für jedes Wesen im Universum Hilfe gibt, wenn es um Hilfe bittet, und auch bereit dazu ist, Hilfe zuzulassen. Dieses Angebot muss sich nicht nur aus unseren Dimensionen entfalten. Es kann oft auch von Erdenmenschen kommen, die sehr sensitiv sind und spüren, dass ein bestimmter Mensch in ihrem Umfeld dringend Hilfe benötigt.

Niemandem wird Hilfe verweigert, egal was bisher in seinem Leben schiefgelaufen ist, egal welche Handlungen dieser Mensch vollzogen hat. Wenn das Wesen den großen Wunsch verspürt, der kalten Leere und tiefschwarzen Sinnlosigkeit zu entkommen, wird ihm die Hand geboten. Wir werden gemeinsam einen Weg suchen, dem Menschen wieder seinen Lebenssinn zurückzugeben.

Dies geschieht oft in einer Art und Weise, die ihr nie für möglich halten würdet. Es passieren dabei Dinge, die außerhalb eurer Kontrolle liegen, um euch wieder auf den richtigen Weg zurückzubringen. Immer vorausgesetzt, dass das Erdenwesen seinen Zustand der Sinnlosigkeit erkannt hat und ihn mit all seiner noch verbleibenden Kraft ändern möchte.

Die Leere wird Schritt für Schritt wieder mit Inhalten gefüllt. Eine von uns oft angewandte Form der Hilfe ist die Ablenkung des Wesens von seinen eigenen Problemen und das Bewusstmachen, dass viele Menschen Hilfe in jeder Form benötigen. Jedes Erdenwesen kann für jemanden oder etwas von Nutzen und Bedeutung sein. Es beginnt mit genauem Zuhören, genauem Hinsehen, um dann mit einer spontanen Hilfsbereitschaft einzugreifen, um eine bestehende negative Situation in eine positive, lichtdurchflutete, harmonische Angelegenheit umzuwandeln.

Indem du beginnst, das Leben anderer Wesen als wichtig an-
zuerkennen und deine Mitmenschen in kleinen und größeren
Sachen in ihrem komplexen Erdenleben unterstützt und be-
gleitest, wird eine vorhandene Leere ersetzt durch eine große,
leuchtende Fülle. Mit dieser Fülle wird auch dein Lebenssinn
wieder aktiviert. Indem du dich um andere Erdenwesen ge-
kümmert hast, hast du dein eigenes Leben wieder in Ordnung
gebracht und deinen Seinszustand mit all deinen Lebenszielen
wieder erfolgreich hergestellt.«

Krankheit

»Wenn du aus unseren Dimensionen weggehst oder nach deinem Tod wieder zu uns zurückkommst, bist du vollkommen gesund, heil und ganz. Du bist ein Teil von allem, ein Teil des Göttlichen. Deshalb kannst du gar nicht krank sein.

Weshalb ist es aber möglich, dass ihr bereits ab der Geburt oder im Verlauf eures Lebens eure vollkommene Gesundheit verliert und euch dadurch das Leben auf diesem Planeten viel Kummer und Sorgen bereitet?

Das ist ein sehr komplexes Gebiet, das für euch Erdenmenschen sehr schwer zu verstehen ist. Weshalb, denkst du, sollte ich mir ein Leben aussuchen, in dem ich immer wieder oder andauernd unter starken Schmerzen oder einer unheilbaren Krankheit leide? Warum sollte ich mit einem solchen Erdenleben einverstanden gewesen sein? So etwas hätte ich mir doch niemals ausgesucht! Ich versuche es, dir mit dem Verständnis aus unseren Dimensionen zu erklären. Mir ist aber vollkommen bewusst, dass die nachfolgenden Darlegungen für viele Erdenmenschen sehr schwer nachvollziehbar sind.

Ist jemand ›krank‹, dann ist er nicht mehr vollkommen, nicht mehr ganz. Etwas in seinem Leben ist aus der Balance geraten. Eine Krankheit hat ihren Ursprung immer in der Vergangenheit. Irgendein Ereignis in deinem Leben hat das ›Kranksein‹ hervorgerufen, wofür es drei unterschiedliche Ursachen gibt.

Die erste und am einfachsten zu erklärende Ursache steht in Zusammenhang mit körperlichen Beschwerden. Es sind Beschwerden der unterschiedlichsten Organe oder des ganzen Körpers. Krankheiten verursachen bei Menschen auf deinem Erdenplaneten immer Schmerzen und Leid. Ihr verliert sehr viel von eurer Erdenzeit damit, den Körper wieder in Balance zu bringen, gesund zu werden oder gesund zu bleiben. Die Erdenmenschen haben seit Beginn ihrer Existenz große Angst vor Krankheiten. Sie würden in bestimmten Fällen alles dafür geben, wenn ihnen jemand diese belastende, unangenehme Sache abnehmen oder sie wieder gesundmachen würde.

Körperliche Krankheiten beginnen meistens mit einem vorhergehenden seelischen Konflikt. Ein Ungleichgewicht im seelischen Bereich löst bei einer Ignoranz in relativ kurzer Zeit körperliche Beschwerden aus. Diese ersten fühl- und spürbaren Beschwerden treten bei jedem Menschen meistens an seinem körperlichen Schwachpunkt auf. Bei manchen ist das der Kopf, bei anderen das Herz oder der Rücken.

Wir sehen, dass es zwar bei euch exzellente weltliche Ärzte gibt, dass aber der Hintergrund, der Auslöser der verschiedenen Krankheiten in den meisten Fällen immer noch im Dunklen liegt und auch im Dunklen bleibt. Seelische Verletzungen, Ärger, Stress, Unzufriedenheit über eine längere Zeit hinweg begünstigen das Auftreten von körperlichen Krankheiten. Bei einer Heilung müssten, von uns aus gesehen, immer beide Komponenten, also die seelische und die körperliche, in den Heilungsprozess mit einbezogen werden. Eine Reparatur des Körpers ohne Einbezug des seelischen Ursprungs in die Behandlung hat bedeutend weniger Chancen auf einen schnellen Heilungsprozess und eine anhaltende Heilung. Zum großen Glück sind viele Patienten in der heutigen Zeit so weit, dass sie von sich aus beide Aspekte in ihren Heilungsprozess integrieren.

Eine zweite Ursache von Krankheiten ist die logische Abnützung des Körpers. Je nachdem wie stark ihr euren Körper gebraucht (und leider auch missbraucht) habt, desto höher die Wahrscheinlichkeit, dass in fortgeschrittenem Alter Krankheiten und Operationen unumgänglich werden.

Eine Krankheit meldet sich bei euch immer dann, wenn etwas in eurem Leben nicht mehr stimmt, nicht mehr im Einklang ist. Die Krankheit ist ein Warnsignal oder zwingt euch vielleicht sogar, etwas in eurem Leben zu verändern und euch über eure Denk- und Handlungsweisen Gedanken zu machen. Ihr seid sehr geschickt und geübt darin, die klaren und deutlichen Signale zu überhören oder sie ganz von euch wegzuschieben. Mit den inzwischen für euch zur Verfügung stehenden Schmerzmitteln und Medikamenten könnt ihr den Zenit einer Krankheit sehr lange hinausschieben, bis sie euch dann mit voller Wucht und für euch doch »völlig unvorbereitet« einholt.

Die dritte und letzte Ursache von Krankheiten sind ganz schwierige, tragische und aus eurer Ansicht fast unerträgliche Schicksalsschläge: Ein Kind, das mit einer tödlichen Krankheit auf die Welt kommt, oder ein schwerer Unfall in der Kindheit, der für die ganze Familie das Leben verändert und auf den Kopf stellt. Vielleicht auch unerklärbare, unheilbare Krankheiten, die irgendjemanden aus der Familie oder dem Freundeskreis befallen und bei denen man ohnmächtig zuschauen muss, wie viel Schmerzen und Leid die betroffenen Menschen ertragen müssen. Viele Erdenmenschen beginnen verständlicherweise in solchen Situationen zu zweifeln, ob ein Gott überhaupt existiert und weshalb er solch unglaubliches Leid und so großen Schmerz überhaupt zulässt.

Hier kommt für mich ein schwieriger Moment ins Spiel. Ich sollte dir und all den vielen Menschen, die meine persönlichen Worte an dich in diesem Buch lesen werden, plausibel machen können, weshalb das so ist. Für euch Erdenmenschen sind solche Krankheiten und solches Leid in keiner Weise, nicht einmal annähernd, verständlich oder nachvollziehbar.

Wir beide wissen das, weil wir selber in früheren Leben Dinge durchstehen mussten, die uns beiden große Schmerzen und unsagbares Leid zugefügt haben. Hier, in meiner jetzigen Dimension, kann ich es aber verstehen und einordnen. Ich möchte dir und den Lesern dieses Buches mitteilen, dass immer alles aus einem ganz bestimmten Grund heraus geschieht. Dies wird für euch aber erst nach der Rückkehr zu uns verständlich. Verliert euren Glauben an das Göttliche auch dann nicht, wenn ihr meint, so schlimmes Leid und die damit verbundene große Ungerechtigkeit nicht länger ertragen zu können. Das sind für euch Erdenmenschen die allergrößten Herausforderungen, die mit zu eurem besprochenen Lebensplan gehören – auch wenn ihr das in einer Inkarnation auf eurem Erdenplaneten überhaupt nicht verstehen könnt.

Ryan Ellis: Bei den vielen Anfragen an Simon zur Unterstützung und Heilung eines Lebensproblems stehen schwere, plötzlich auftretende Krankheiten und geplante körperliche Eingriffe (Operationen) an erster Stelle. Dieses Gebiet ist so komplex, dass ich hier nur ansatzweise darauf eingehen kann.

Krankheiten stehen immer im Zusammenhang mit unserem Denken, unseren Erlebnissen und täglichen Handlungen. Sie sind jeweils auch eng mit unserem persönlichen Lebensplan verknüpft.

Aus meinen vielen Gesprächen mit Simon zu diversen Krankheitssymptomen und Krankheitsbildern bei unterschiedlichsten Menschentypen konnte ich die Erkenntnis gewinnen, dass Krankheiten auch immer etwas mit persönlichen Beziehungen zu tun haben.

**Du kannst die
Wellen nicht stoppen,
aber du kannst lernen zu surfen.**

You can't stop the waves.
But you can learn to surf.

– Jon Kabat-Zinn –

Schmerzhafte Verluste

»Für viele von euch Erdenmenschen dauert es sehr lange, bis sie den Verlust eines geliebten Menschen verarbeiten können. Wir würden in unserer Sprache nicht den Begriff ›Verlust‹ verwenden, sondern von einer *Trennung auf Zeit* sprechen. Da die Zeit aber bei uns nicht existiert, möchte ich in diesem Zusammenhang jeweils den Begriff ›Trennung‹ verwenden.

Die Trennung von Wesen, mit denen man verbunden ist und die man liebt, ist eine Form, die in allen Dimensionen vorhanden ist. Wenn du auf dem Erdenplaneten inkarnierst, trennst du dich hier in unseren Dimensionen von deiner Seelenfamilie. Diese Trennung ist für dich jedoch nicht weiter schmerzlich, denn du kennst den genauen Zusammenhang des Sichtrennens und Wiederfindens. Deshalb kannst du gut mit diesem Zustand umgehen.

Bist du inkarniert, fühlst du dich von allem abgeschnitten und weißt nicht mehr, dass diese Trennung für dein jetziges Leben nur für eine mit dir abgemachte Zeit stattfindet. Sobald deine Inkarnation stattgefunden hat, bist du von uns abgenabelt und, wie es auf den ersten Blick scheint, auf dich alleine gestellt. Du fühlst dich während dieser ersten Zeit oft sehr verlassen, und viele von euch haben den Wunsch, möglichst schnell wieder zu uns zurückzukehren. Die Erinnerung an unsere Dimensionen beginnt aber allmählich zu verblassen. Du stellst dich der Herausforderung, deiner von dir gewünschten und von uns bis ins kleinste Detail geplanten und mit dir besprochenen Inkarnation.

Ein Verlust für euch Erdenmenschen bedeutet immer eine definitive Verabschiedung eines Menschen, der euch nahestand und zu dem ihr eine sehr tiefe Bindung hattet. Dieser Mensch war über viele Erdenjahre lang dein Begleiter, und du fühlst dich jetzt ohne ihn nicht mehr ganz. Es scheint, als ob man dir etwas amputiert hätte, und es schmerzt dich so sehr, dass du glaubst, es nicht ertragen zu können.

Jede Trennung ist automatisch an Schmerz gekoppelt. Für viele Erdenwesen bedeutet der Verlust eines geliebten Menschen unweigerlich eine Trennung für immer. Du weißt aber, dass dies nicht zutrifft. Wir haben uns in unseren Leben immer wieder trennen müssen und waren doch nie wirklich voneinander getrennt. Selbst jetzt, in diesem Moment nicht, wo du jederzeit den Kontakt mit mir aufnehmen und mit mir kommunizieren kannst. Für die Erdenmenschen, die an ein Weiterleben nach dem Tod glauben, ist es vielleicht einfacher, mit dem unglaublichen Schmerz und dem Leid, den ein Verlust eines geliebten Menschen hinterlässt, umzugehen. Aber ›einfach‹ wird es in Wirklichkeit nie sein. Der starke Trennungsschmerz lässt allerdings mit der Zeit nach; denn es wird von unseren Dimensionen aus dafür gesorgt, dass ihr die tiefe Trauer und den Schmerz überwinden könnt, damit ihr euren weiteren Inkarnationsweg fortsetzt und nicht in der Vergangenheit hängenbleibt.

In deinem Erdenleben wirst du immer wieder mit Verlusten konfrontiert werden. Sie lassen dich spüren, dass für dich niemals etwas für immer gleich bleiben wird. Alles im Universum ist stets in Bewegung. Nichts steht je still. Nichts bleibt, wie es ist. Diese Erkenntnis wird dir bei einem Verlust immer wieder schmerzlich in Erinnerung gerufen.

Schmerzhafte Verluste haben aber noch eine weitere Funktion. Jedes Mal, wenn du einen geliebten Menschen verlierst, dich von ihm trennen musst, wirst du mit deinem eigenen Weggang konfrontiert. Wenn du von deinem Erdenleben wieder in unsere Dimensionen zurückkehren wirst, wird auch in dir ein Trennungsschmerz entstehen, weil du geliebte Menschen auf deinem Erdenplaneten zurücklassen musst. Doch ist der Schmerz bei der Rückkehr zu uns nicht annähernd so groß wie derjenige, den du in dir spürst, wenn du dich auf dem Erdenplaneten von jemandem verabschieden musstest, der dir vorausgegangen ist. Hier, in unseren Dimensionen, ist dein wirkliches Zuhause, und du freust dich sehr, wieder bei uns zu sein.

In der Zeit, in der du schmerzhafte Verluste bewältigen musst, ist es sehr wichtig, dass du lernst, geliebte Menschen ziehen zu lassen, dich von ihnen zu lösen. Es gibt Erdenmenschen, die sich sonst in unseren Dimensionen nicht weiterentwickeln können, weil ihre Bindung an die Menschen auf dem Erdenplaneten immer noch zu stark vorhanden ist.

Menschen ziehen zu lassen, bedeutet nicht, sie zu vergessen. Wenn du jemanden wirklich geliebt hast, wird dieses Wesen immer ein Bestandteil von dir sein, und ihr werdet euch in unseren Dimensionen schon bald wieder treffen.

Jemanden ziehen zu lassen, heißt, sich nicht an jemanden zu klammern. Dieses wunderbare Erdenwesen, das du einmal gekannt und über alles geliebt hast, kann und darf in seiner Hülle, in seinem Körper, nicht mehr auf euren Erdenplaneten zurückkommen. Segne das Wesen, schicke ihm Liebe und Licht und lasse es los! Es ist nach Hause zurückgekehrt, wo es für deine Rückkehr auf dich warten wird.«

Geld – Mangel – **Überfluss**

»Bei der Wahl deiner Kapitel-Inhalte dieses Buches habe ich dir mitgeteilt, dass du zum Thema »Orientierungslos« auch ein Unterkapitel mit der Überschrift »Geld – Mangel – Überfluss« einbauen sollst. Du warst zuerst erstaunt, dass ich mich mit dir über Geld unterhalten wollte. Ein Thema, das auf den ersten Blick rein gar nichts mit unseren Dimensionen zu tun zu haben scheint.

Für sehr viele Erdenmenschen ist Geld in der heutigen Zeit das absolut Wichtigste. Für Geld machen die meisten Erdenmenschen fast alles. Sie verraten einander, betrügen, lügen, stehlen und töten sogar dafür. Noch nie zuvor in der Entwicklung der Menschheit kamen so viele Erdenmenschen in unsere Dimensionen zurück, die erst hier erkannten, dass sich ihr ganzes Leben, alle ihre Handlungen, alle ihre eingegangenen Bindungen, ihr ganzer Inkarnationsinhalt nur um das Geld gedreht hat. Um Geld, mit dem oder durch das sie anderen Erdenwesen und sich selbst großen Schmerz und großes Elend zugefügt haben und das sie dann doch nicht in unsere Dimensionen mitnehmen konnten.

Wir sehen die immer stärker werdende ungleiche Verteilung des Geldes auf eurem Erdenplaneten und die damit verbundene Macht einer kleinen, elitären Gruppe. Wer Geld hat, hat das Sagen. Mit Geld kann ein einzelnes Erdenwesen Millionen von anderen Erdenmenschen manipulieren und ihnen mit seinen Entscheidungen unfassbares Leid zufügen. Jeden Tag kommen von deinem Erdenplaneten Tausende von Wesen zu uns zurück, deren Leben nur des Geldes wegen früher als geplant ein Ende gemacht wurde. Hinzu kommen weitere Tausende, die wegen Geldmangels verhungert sind.

Noch nie zuvor haben sich durch das Geld so viele Erdenmenschen ein riesiges negatives Karma aufgeladen. Noch nie zuvor hat eine möglichst rasche Anhäufung von Geld so viele neue Krankheiten ausgelöst. Noch nie zuvor wurden so viele Freundschaften, Beziehungen, Ehen und Familien durch Geld zerstört. Geld ist auf eurem Planeten die gefährlichste Waffe.

Es ist trotzdem wichtig zu wissen, dass jeder Mensch ein Anrecht auf Geld hat, ein Anrecht darauf, für seine Tätigkeit einen Gegenwert zu erhalten, Geld zu verdienen. Geld zu besitzen und es dann richtig einzusetzen, ist nichts Verwerfliches und steht jedem Erdenwesen zu.

Bei Geldmangel könnt ihr nicht so leben, wie ihr euch das vorstellt. Viele können ohne Geld nicht überleben. Zu viele Erdenmenschen werden zur Zeit wegen Geldmangels dazu gezwungen, Sachen zu machen und Kompromisse einzugehen, die Körper und Seele riesigen, zum Teil irreparablen Schaden zufügen.

Bei Geldüberfluss besteht die eine Gefahr für euch, alles und jeden zu kaufen und zu manipulieren und dabei eure Mitmenschen überheblich und herablassend zu behandeln. Ihr glaubt, besser zu sein als der Rest der Erdenmenschen. Auch hier ist der euch selbst zugefügte Schaden an Körper und Seele erheblich. Ihr bezahlt dafür einen sehr hohen Preis.

Geldmangel stellt auf diesem Erdenplaneten bereits seit langem ein sehr ernst zu nehmendes Problem dar. Millionen von Menschen verbringen hier eine Inkarnation, die sie wegen Geldmangels nicht so abschließen können, wie sie sie mit uns geplant haben.

Es ist mir wichtig, hierbei Folgendes noch einmal zu betonen: Viele von euch sind der Auffassung, dass Geld oder zu viel Geld zu besitzen etwas Schlechtes ist. Das ist es auf keinen Fall. Geld ist ein materieller Wert, den man bei euch für eine Leistung erhält und den ihr braucht, um überhaupt existieren zu können. Wichtig ist nur, dass dir bewusst ist, für was und für welche Gegenleistung du mit deinem Geld bezahlt wirst und wie du mit deinem dir zustehenden Geld umgehst.

Ihr dürft uns bei prekärem Geldmangel gerne um Hilfe und Unterstützung bitten. Wir werden euch aus unseren Dimensionen beistehen. Wir können euch helfen, eine besser bezahlte Arbeit oder eine günstigere Wohnung zu finden, den Schuldenberg wieder in den Griff zu bekommen, ein Studium zu finanzieren und so weiter. Immer vorausgesetzt, dass es für euch und zur Erfüllung eures Lebensplans von Nutzen sein wird.

Geld ist eines der ganz großen Tabu-Themen auf deinem Erdenplaneten. Es ist den ganzen Tag omnipräsent, und doch weiß niemand so wirklich genau von einem anderen Erdenmenschen, wie viel oder wie wenig Geld er wirklich besitzt. Ich möchte dir hier gerne mitteilen, dass unzählige Menschen auf der ganzen Welt durch zu viel oder zu wenig Geld völlig orientierungslos werden, oft keinen Ausweg mehr finden und ihr Leben dadurch frühzeitig beenden. Mitschuldig machen sich dabei alle von euch, die von unseriösen Geschäften profitieren und damit andere Erdenmenschen für ihre Leistungen zu wenig entschädigen, sie um ihr Geld betrügen oder sie wegen Geldmangels dazu zwingen, Dinge zu tun, zu denen sie sonst niemals bereit gewesen wären.

Die tägliche Auseinandersetzung mit Geld und allen dazugehörigen An- oder Unannehmlichkeiten ist das Hauptproblem für alle Wesen, die sich in der jetzigen Zeit inkarniert haben. Versucht deshalb, mit den beiden Komponenten »Geldanhäufung« und »Geldmangel« richtig umzugehen, und ladet euch durch Geld kein weiteres beschwerliches Karma auf.

Mir kommen hier deine Eltern deiner jetzigen Inkarnation in den Sinn. Sie haben jeweils einen Zehntel ihrer Einnahmen für gute Zwecke gestiftet. Dadurch hatten sie immer großes Glück in ihrem Betrieb und stets genügend Geld zur Verfügung für deine ganze Familie. So stellen wir uns das vor.«

Schäme dich nie für das, was du fühlst.
Du hast das Recht auf all deine Gefühle
und das zu tun, was dich glücklich macht.

Never be ashamed of what you feel.
You have the right to feel any emotion that you want
and to do what makes you happy.

– Demi Lovato

Freundschaft, **Beziehungen**, **Liebe**

»Auf deinem Erdenplaneten kommst du während einer Inkarnation mit sehr vielen anderen Wesen in Kontakt. Viele von ihnen sind für dich in deinem Lebensplan vorherbestimmt. Du musst sie treffen, weil du mit ihnen etwas bereinigen oder durch sie etwas lernen musst. Andere Wesen kommen neu dazu. Viele von diesen suchst du dir aus, weil sie etwas verkörpern, das du gerne haben möchtest oder weil sie dir in einer gewissen Art und Weise ähnlich sind.

Es gibt Erdenwesen, die du vielleicht nur einmal innerhalb einer Inkarnation triffst. Aber du fühlst dich sofort zu ihnen hingezogen. Es scheint, als ob du sie ganz genau und schon immer kennen würdest. Egal ob das an der Kasse im Supermarkt, auf einer stark belebten Straße oder in der überfüllten S-Bahn passiert – die Verbindung zwischen euch ist da. Hier handelt es sich um Wesen, mit denen du in einem früheren Leben bereits einmal etwas zu tun gehabt hast. Unbewusst spürt ihr eure Verbindung, aber ihr könnt diese nicht einordnen. Ihr sprecht dann von *Sympathie*.«

Ryan Ellis: Vor einigen Jahren begegnete ich jemandem in einer Bar, in einer fremden Stadt. Wir haben uns beide sicher minutenlang nur angestarrt. Es war fast schon peinlich. Mir schien es, als ob ich diese Person durch und durch kennen würde. Die Verbindung war so stark und intensiv, wie ich es vorher noch selten bei jemandem erlebt hatte.

Ein paar Tage später trafen wir beide wieder aufeinander und kamen ins Gespräch. Alles war so vertraut, und jeder schien die Gedanken des anderen zu kennen. Es war so, als ob wir uns nach Jahren wiedergefunden hätten.

Mit Hilfe von Simon fand ich heraus, dass wir zwei in einer früheren Inkarnation zusammen lebten und gemeinsam unsere vier Kinder aufzogen. Wir lebten damals in Südfrankreich und hatten eine sehr schwierige Zeit zu überstehen.

Wir beide haben uns vor unserer Inkarnation gewünscht, uns in diesem Leben wieder zu begegnen. Wir sind zwar nicht mehr als Paar zusammengekommen, aber wir sind inzwischen sehr gute Freunde geworden.

»Freundschaften sind während deiner Inkarnationen sehr wichtig. Gute Freunde unterstützen dich in deinen Bemühungen, deine Lebensziele zu erreichen. Sie hören dir zu, sagen dir unverblümt ihre Meinung – ohne dass du ihnen dies nachträgst – stehen dir bei Problemen und Sorgen bei und lassen dich auch in Extremsituationen nicht im Stich.

Bei euch existieren häufig nur noch oberflächliche Freundschaften. Ihr flüchtet euch immer mehr in eure virtuelle Welt, in der es leicht ist, ein paar Hundert oder sogar ein paar Tausend Freunde zu finden, die Dinge von euch übermittelt erhalten, in denen ihr euch nur von eurer besten Seite zeigt. Es braucht schon sehr viel mehr für eine echte, tiefe Freundschaft. Dafür muss man sich spüren können.

Man muss lernen, den anderen so zu akzeptieren wie er nun einmal ist, mit all seinen Sonnen- und Schattenseiten. Das erlebt ihr nur bei einer ständigen Begegnung. Der größte Teil eurer sogenannten virtuellen Freunde kennt nicht einmal eure Augenfarbe.

Was euch auf eurem Erdenplaneten im Moment am meisten Mühe bereitet, sind Beziehungen. Die meisten Erdenmenschen sind dauernd auf der Suche nach einer Beziehung oder leben in Beziehungen, in denen sie nicht glücklich sind. Es liegt in der Natur eines Wesens, dass es jemanden an seiner Seite braucht. Es scheint dann alles leichter zu funktionieren. Aber der einzelne Mensch ist in Beziehungen bei euch sehr oft zu einer Art Wegwerfware verkommen.

Mit jeder Beziehung, die du mit jemandem eingehst, muss dir bewusst sein, dass du auch Verantwortung für ein anderes Wesen übernimmst. Sobald du nicht mehr alleine auf dich gestellt bist, werden die Angelegenheiten deines Partners/deiner Partnerin auch zu deinen eigenen. In einer gut funktionierenden Beziehung muss auf einer Basis von Vertrauen, Ehrlichkeit, Anstand und Respekt aufgebaut werden können. Bist du nicht bereit, in eine Beziehung zu investieren, dann beginne sie nicht. Nur weil du dich alleine fühlst und gerne jemanden an deiner Seite hättest, hast du nicht das Recht, andere Wesen für bestimmte Sachen zu benutzen und sie dann wieder zu ›entsorgen‹.

Beziehungsprobleme sind eines der Dauerthemen auf eurem Erdenplaneten. Es gibt wenige, die dieses Gebiet souverän beherrschen. Viele körperliche Krankheiten basieren auf Beziehungsproblemen. Dinge, die man über Jahre hinweg verdrängt, werden mit der Zeit auch zu körperlichen Problemen.

Eine Beziehung ist ganz stark mit den beiden Begriffen Glück und Unglück verbunden. Bist du nicht glücklich in einer Beziehung, wird das mit der Zeit immer größere Probleme für dich ergeben, die sich irgendwann in körperlichen Krankheiten manifestieren können.

Stelle dir immer wieder die Frage, ob du wirklich eine Beziehung möchtest. Oft ist es gerade die Zeit *zwischen* zwei Beziehungen, in der du dich am schnellsten weiterentwickelst, weil du dich nur auf dich und deine eigenen Lebensziele fokussieren kannst.

›Liebe‹ ist ein Begriff, der in allen Facetten gebraucht und missbraucht wird. Es scheint, als ob die Liebe in deiner Dimension immer weniger existiert. Liebe beinhaltet so unglaublich viel mehr, als das Wort auf dem Papier hergibt. Liebe ist ein Zustand, der sich laufend verändert. Sprechen zwei Wesen von Liebe, meint jeder von beiden etwas anderes. Liebe hat mit tiefen Gefühlen für jemand anderen zu tun. Genau diese tiefen Gefühle möchtet ihr immer weniger zulassen. Oberflächlichkeit ist angesagt. Über Liebe zu sprechen, wird zunehmend unangenehmer und schwieriger. Es ist ein Wort, das man nur sehr ungern benutzt, da es mit Bindung und Verantwortung besetzt ist.

Euer Erdenplanet wäre aber ohne die Liebe ein finsterer, kalter Ort. Ohne die Liebe oder zumindest den Glauben daran hättet ihr kaum Überlebenschancen.«

Alles ist mit allem **verbunden**

»Stelle dir einen Vorlesungsraum in einer Universität vor, in dem im Moment mehrere Hundert Studenten sitzen. Stelle dir weiter vor, dass alle, die sich vom Universitätscampus her kennen, mit einem dünnen grünen Laserstrahl verbunden sind. Ein blauer Laserstrahl verbindet alle Studenten in diesem Raum, die dasselbe Studienfach als Hauptfach belegen. Nun visualisiere dir weitere Laserstrahlen zwischen den Studenten und Studentinnen. Wer isst in der gleichen Mensa? Wer trainiert im selben Studio Gym? Wer hat mit wem schon einmal eine Beziehung gehabt? Wer hat schon einmal in einem Proseminar mit dem dozierenden Professor zusammengearbeitet? Du wirst so Hunderte von Verbindungen zwischen den Erdenmenschen allein schon in diesem Raum feststellen.

Alles, was ist, war und je sein wird, ist miteinander verbunden.

Jedes Wesen, das in der Vergangenheit einen Fuß auf diesen Erdenplaneten gesetzt hat, auf dem du im Moment inkarniert bist, hat seine Spuren hinterlassen. Egal wer er war oder was er erschaffen oder zerstört hat. Allein schon seine Millionen von Gedanken während seines Erdenlebens reichen aus, um Dinge entscheidend und nachhaltig zu verändern.

Könntest du sehen, was allein deine Gedanken von einem einzigen Tag in Bewegung setzen, würdest du versuchen, jeden einzelnen davon zu kontrollieren, ganz zu schweigen von deinen Worten und deinen Handlungen. Alles, was jeder Einzelne von euch denkt, spricht oder macht, hat Auswirkungen auf alle anderen.

Das bedeutet, dass du mit deinen Gedanken, Worten und Handlungen eine große Verantwortung gegenüber allen anderen Lebewesen auf eurem Erdenplaneten hast. Ändert nur eine kleine Gruppe von Wesen ihre Handlungen, kann das unglaublich viel bewirken.

Diese Verbindungen sind aber nicht bloß auf einen bestimmten Raum, einen Kontinent oder auf den Erdenplaneten beschränkt. Sie reichen weit darüber hinaus ins Universum. Dies ist einer von vielen Gründen, weshalb es uns in unseren Dimensionen nicht gleichgültig ist, wie ihr mit dem Planeten Erde umgeht. Alle eure Gedanken, Worte und Handlungen wirken sich bis in unsere Dimensionen aus und beeinflussen diese stark.

Wenn dir bewusst wird, dass du in der Entwicklungsgeschichte der Menschheit einen fixen Platz einnimmst und immer ein Teil des Ganzen sein und bleiben wirst, wird sich deine Einstellung zu vielen Dingen, Situationen und Menschen ändern.

Alles ist mit allem verbunden.«

**Wenn sich die eine Tür des Glücks schließt,
öffnet sich eine andere. Doch oft schauen wir so lange auf
die geschlossene Tür, dass wir die andere nicht sehen,
die für uns geöffnet wurde.**

When one door of happiness closes, an other opens.
But often we focus for such a long time on the closed door
that we do not realize the one
which has already been opened for us.

– Helen Keller –

Kapitel 3

Höheres Bewusstsein

Erdenwesen – **Lichtwesen**

»Alle Erdenwesen sind auf diesem Planeten inkarniert, um eine bestimmte Aufgabe zu erfüllen und um ihren Lebensplan umzusetzen. Die Erde ist ein Ort, an dem du extrem viel lernen kannst, weil dir für deine Inkarnation ein freier Wille zur Verfügung gestellt wird. Du kannst jederzeit, in jeder Situation, frei entscheiden, was du tun oder lassen möchtest. Jede deiner Entscheidungen hat aber Konsequenzen. So gesehen bestimmst du selbst, wie du deine Inkarnation leben möchtest, und bist für alle deine Handlungen voll und ganz verantwortlich.

Als Erdenwesen musst du dich bei der Geburt wieder in eine Hülle begeben, deinen Körper. Das fällt dir nach dem Aufenthalt in unseren Dimensionen sehr schwer. Du fühlst dich eingeengt, eingeschränkt. Du musst alles wieder neu lernen, das Gehen, die Sprache, einfach alles.

Es ist nicht erstaunlich, dass Millionen aus unseren Dimensionen gerade auf diesen Erdenplaneten inkarnieren möchten, obwohl sie vielleicht kurz vor ihrer letzten Rückkehr zu uns gedacht haben, dass sie nie mehr dorthin zurückkehren möchten. Der Planet Erde ist einer der schönsten Planeten, die es gibt. Dein Körper ermöglicht es dir, zu sprechen und zu lachen. Du kannst die Wärme und die Kälte auf deiner Haut spüren. Du kannst Gerüche wahrnehmen. Am intensivsten und etwas vom Schönsten sind Berührungen. Diese Dinge sind in unseren Dimensionen auf diese Art und Weise nicht mehr möglich.

Woran ich mich als menschliches Wesen sehr intensiv zurückerinnern kann, sind zum Beispiel die Tränen der Menschen, wenn sie über ihre Wangen laufen. Sie haben ihren eigenen salzigen Geschmack.

Viele Erdenwesen, die ein sehr schlimmes Leben auf dem Planeten Erde durchleben mussten, brauchen sehr lange, bis sie sich bei uns wieder erholt haben, und müssen alle ihre problematischen Erlebnisse zuerst mit uns zusammen verarbeiten und in einen Kontext einordnen.

Einzelne Wesen inkarnieren bereits schon wieder kurz nach ihrer Rückkehr in unsere Dimensionen. Sie möchten vielleicht nochmals in die ähnliche Familienkonstellation hineingeboren werden, um ein bestimmtes Familienmitglied oder einen ihnen nahestehenden Menschen zu unterstützen und ihm in der Erreichung seiner Lebensziele behilflich zu sein.

Andere Wesen möchten nach eurer Zeitrechnung unter Umständen zwei- bis dreihundert Jahre auf die nächste Inkarnation warten. Die Zeitspanne zwischen zwei Inkarnationen hängt dabei vom individuellen Entwicklungsprozess eines Wesens ab. Während dieser »Wartezeit« können sie sich auch bei uns weiter entwickeln und ständig dazu lernen.«

Ryan Ellis: Es ist oft feststellbar, dass die Eltern ein Kind bei der Geburt verlieren und ein, zwei Jahre später dasselbe Kind wieder bei den gleichen Eltern inkarniert.

Meine Großmutter hatte ihr erstes Kind kurz nach der Geburt verloren. Nach einem Jahr kam mein Vater zur Welt. Sie hat immer gesagt, dass es dasselbe Kind gewesen sei, das noch einmal zu ihr zurückkommen wollte.

»Nach eurer Rückkehr zu uns seid ihr wieder Geistwesen, um euch später dann einmal zu Lichtwesen zu entwickeln. Der Begriff *Lichtwesen* ist für mich sehr schwierig zu erklären. Ihr seid dann feinstoffliche Energie, die, je nach Stand der Entwicklung, mehr oder weniger hell leuchtet.

Wenn du mich nach deiner Rückkehr zu uns sehen kannst, dann ist es mir möglich, dass ich genau die Form wieder annehmen kann, die ich damals als Simon in diesem kleinen kalten Ort in Russland hatte. Nach einem Leben als Erdenwesen wirst du mich so viel schneller wiedererkennen. Du wirst Zeit brauchen, bis du uns in Lichtgestalt wahrnehmen kannst.

Je weiter du dich entwickelt hast, desto stärker wird deine Energie und desto heller dein Licht. Es gibt Lichtwesen, deren Lichtenergie du als Erdenwesen nicht ertragen könntest.«

Ryan Ellis: Wenn ich meine damaligen Söhne Simon und Adam ›sehe‹, dann sehe und spüre ich sie als eine Art menschliche Wesen. Ich nehme sie so wahr, wie sie damals gewesen sind, und könnte sie sogar zeichnerisch festhalten. Oft spüre ich auch ihre Berührungen und weiß dann, dass jemand von ihnen da ist.

Bei Anfragen über in unsere Dimensionen zurückgekehrte Wesen sehe ich die verstorbenen Personen im Körper ihrer letzten Inkarnation. Ich sehe sie in der Blütezeit ihres Erdendaseins.

Nach meinen vielen Kontakten mit Simon habe ich realisiert, dass es darum geht, die Verstorbenen möglichst schnell wiedererkennen zu können. Dazu braucht es die menschliche Inkarnationshülle. Es wäre als Erdenwesen sehr schwierig, sich mit einer Form von reiner »Lichtenergie« unterhalten zu müssen.

Viele fragen mich, ob ich auch regelmäßigen Kontakt zu meinem damaligen zweiten Sohn Adam habe, was leider nicht der Fall ist. Ich konnte Adam bis jetzt nicht am selben Ort antreffen wie Simon. Ich hatte aber schon oft das Gefühl, dass auch er ganz nahe bei mir war, meistens vor dem Einschlafen oder unmittelbar beim Aufwachen. Nach Simons Aussagen ist Adam zur Zeit wieder inkarniert. Wenn Adam und ich uns gewünscht haben, uns in dieser Inkarnation wieder zu treffen und das in unseren Lebensplänen festgehalten worden ist, werden wir uns sicher begegnen. Wer weiß, wo und wann ich ihm über den Weg laufen werde.

Geistwesen

»Viele Erdenwesen glauben an gar nichts und zeigen kein Interesse für das Bewusstsein einer Existenz außerhalb ihres
jetzigen Körpers. Aber beim Zeitpunkt ihres Todes fragen sie
sich erstaunt, wo sie sind. Viele können und wollen es lange
nicht wahrhaben, dass ihr Leben nun zu Ende ist. Sie bemer-
ken zwar, dass sie von anderen Erdenwesen nicht mehr wahrgenommen und nicht mehr gehört werden. Trotzdem kann
es sein, dass sie sich noch eine längere Zeit in der Erdsphäre
aufhalten und den Weg ins Licht noch nicht antreten können
oder gar nicht antreten wollen.

Diese verstorbenen Erdenwesen verbringen eine mehr oder
weniger lange Zeitspanne in einem Zwischenbereich. Du
kannst dir diesen Bereich als »graue Zone« vorstellen. In dieser Grauzone sind sie wie zwischengelagert und fühlen sich
auch dementsprechend.

Es gibt auch Wesen, die glauben, hier auf diesem Erdenplaneten unbedingt noch etwas erledigen zu müssen. Sie können
zwar nicht mehr zurück in ihr früheres Leben, aber auch nicht
ins Licht. So halten sie sich in der Grauzone auf.

Verstorbene Wesen könnte man auch als geistige Wesen, eben
als *Geistwesen*, bezeichnen. Der Geist der Verstorbenen exis-

tiert noch immer, auch wenn ihr Körper bereits begraben oder verbrannt wurde. Sensitive oder dieser verstorbenen Person nahestehende Menschen können diese Geistwesen manchmal spüren oder sie sogar für einen kurzen Moment sehen.

Es sollte und darf aber nicht das Ziel sein, ein verstorbenes Wesen bewusst noch lange in dieser grauen Zwischenphase verharren zu lassen. Zudem haben solche Geistwesen für viele von euch auch oft etwas Gespenstisches an sich, weil ihr die seltsamen Vorgänge um euch herum nicht richtig einstufen oder erklären könnt.«

Ryan Ellis: Vor einigen Jahren verstarb ein Onkel von mir, der sich nie damit auseinandergesetzt hatte, was nach seinem Tod passieren könnte. Meine Mutter fuhr zu seinem Haus, um seine Frau in dieser für sie schwierigen Zeit zu unterstützen, zu begleiten und ihr beim Aufräumen zu helfen .

Beim Wegräumen von persönlichen Gegenständen ihres verstorbenen Bruders hörte sie immer wieder die Stimme des Verstorbenen. Dadurch wurde ihr bewusst, dass er immer noch im Raum anwesend und sein Geist präsent war. Sie versuchte, ihm mit Worten verständlich zu machen, dass er gestorben war und diese Welt verlassen musste. Sie bat ihn, den Weg ins Licht zu suchen und ihn so schnell wie möglich anzutreten.

Nach mehreren Wiederholungen meiner Mutter verstummte seine Stimme. Ihr Bruder schien ihre Hilfe angenommen und verstanden zu haben.

Intuitiv hatte meine Mutter genau das Richtige gemacht. Ihr Bruder hätte sich sonst noch unnötig lange als Geistwesen innerhalb der Grauzone aufgehalten und wäre aus dieser Zwischenphase immer wieder in sein Haus zurückgekehrt.

»Geistwesen brauchen immer eure Unterstützung, wenn sie den Weg ins Licht nicht alleine finden. Sprecht mit ihnen und erklärt ihnen, dass sie gestorben sind und ihren Tod akzeptieren müssen. In den meisten Fällen nützt das und hilft den Verstorbenen, den Weg zu uns zu finden.

Auch von unseren Dimensionen aus wird einem Sterbenden Hilfe angeboten. Sein Schutzengel, der den Erdenmenschen durch seine Inkarnation begleitet, wird ihn auch wieder zu uns zurückbringen. Wer aber seinen Schutzengel sein ganzes Leben lang ignoriert oder dessen Existenz gar nicht wahrnimmt, der wird ihn auch in der Sterbestunde nicht um Hilfe bitten können. Es ist ihm dann ja nicht bewusst, dass der persönliche Schutzengel die Aufgabe hat, ihn bei seinem Wechsel in eine andere Dimension zu unterstützen und zu begleiten.

Kommst du von deinem Erdenplaneten zu uns in die geistige Welt zurück, bist du ein Geistwesen. Wenn du irgendwann mit uns zusammen die Entscheidung gefällt hast, nicht mehr inkarnieren zu wollen oder zu müssen, weil du noch Dinge zu erledigen hast, die du nur auf dem Erdenplaneten lernen kannst, kann deine Entwicklung als Lichtwesen beginnen.«

Engel

»Da inzwischen auf eurem Erdenplaneten ein breitgefächertes Wissen über Engel und sehr viel Engel-Literatur existiert, möchte ich mich zu diesem Thema nur kurz mit dir unterhalten.

Ihr Erdenmenschen gruppiert die Engel in die Kategorien ›Engel‹ und ›Erzengel‹. Die Engelwesen, die ihr als Erzengel bezeichnet, sind uralte Wesen, die sich ganz intensiv mit der göttlichen Quelle verbunden haben, die Engel inspirieren und sie in ihrer Arbeit unterstützen.

Wir sind in unseren Dimensionen sehr glücklich und dankbar, dass ihr auf eurem Erdenplaneten die Engel wieder neu ›entdeckt‹ und Vertrauen zu ihnen gefunden habt. Ihr könnt euch die Engel als sehr weise Wesen vorstellen, die über das ganze Universum wachen und über alle Vorgänge bis ins kleinste Detail informiert sind.

Bei euch werden die Engel oft als von Gott geschaffene Wesen bezeichnet. Man kann diese Erklärung so stehen lassen. Engel sind so hochgestellte Wesen, dass deine Augen ihr Licht nicht ertragen könnten. Engel können zur gleichen Zeit bei Tausenden von Menschen an den unterschiedlichsten Orten sein, um ihnen allen gleichzeitig zu helfen. Engel haben ein unglaublich großes Wissen und eine noch größere Macht, die sie vollumfänglich für die Umsetzung der göttlichen Gesetze einsetzen.

Jeder Erzengel hat seine persönliche Geschichte und besitzt meist einen Namen, der auf sein Spezialgebiet hinweist. Du kannst dir die Engel als sehr kraftvolle Wesen vorstellen, die zwischen der göttlichen Quelle und den Erdenmenschen einen Austausch herstellen und Informationen weiterleiten. Sie dienen der Umsetzung des göttlichen Plans. Mit der Hilfe der Engel können wir uns besser orientieren und unseren Weg zurück zur göttlichen Quelle einfacher finden.

Die Erzengel waren nie inkarniert und haben die göttliche Einheit niemals verlassen.«

Ryan Ellis: Bei Anfragen zum Umgang mit schwerwiegenden Krankheiten oder um Mithilfe bei Entscheidungen für operative Eingriffe bitte ich neben Simon immer den Erzengel Raphael um Hilfe. Mit seiner Unterstützung sind schon sehr viele kleine und große Wunder passiert.

Raphael ist als Heilengel bekannt. Sein Name bedeutet ›Gott heilt‹, und er hilft allen, die ihn um Hilfe bitten – ohne Ausnahme! So wie alle anderen Engel und Erzengel akzeptiert er deinen freien Willen und greift nur ein, wenn du ihn darum bittest.

**Richte deine Aufmerksamkeit darauf,
wohin du gehst,
und nicht auf das, was du hinter dir lässt.**

Focus on where you're going,
not what you've left behind.

– Anna Barnes –

Zusammenarbeit mit Wesen
aus anderen **Dimensionen**

»Ich bin unendlich dankbar, dass unsere Zusammenarbeit
verwirklicht werden konnte. Es braucht aus unseren Dimensionen sehr viel Energie, um dich auf der Erde zu erreichen.
Eure Schwingungsfrequenz ist noch sehr tief, wird jetzt aber
immer mehr angehoben werden. Ich sehe, dass du bei intensiven Kontakten mit mir oft müde wirst oder sich bei dir Kopf-
schmerzen einstellen. Du weißt inzwischen, dass es auch für
mich nicht einfach ist, zu dir durchzudringen, da ich mich
bereits in einer viel höheren Dimension befinde; aber wir beide haben das vor deiner Inkarnation so miteinander verein-
bart. *Wo auch immer wir uns befinden, wir werden niemals
getrennt sein.* Behalte diese Tatsache in deinem Herzen und
schenke alles weiter, was ich dir zu geben habe. So kannst
du sehr vielen Menschen helfen und sie darauf aufmerksam
machen, dass wir in unseren Dimensionen die Zusammenarbeit mit euch Erdenmenschen suchen. Diese Zusammenarbeit
mit uns würde eure Entwicklung auf dem Erdenplaneten stark
beschleunigen.

Es gibt drei große Gruppen von Wesen, die euch bei eurer
Entwicklung gerne beistehen und helfen möchten.

Die erste Gruppe sind die Verstorbenen, die Geistwesen. Sie dürfen euch aber erst unterstützen, wenn sie ihr zurückgelassenes Leben verstanden und verarbeitet haben und ihre letzte Inkarnation somit abgeschlossen ist. Sie verstehen nun alle Zusammenhänge auf eurem Planeten und im ganzen Universum und möchten euch sehr gerne alles mitteilen, was sie jetzt wissen. Das ist aber leider nicht möglich, weil ihr diese Informationen mit eurem jetzigen Wissen und Verstand kaum verarbeiten könntet. Zudem müsst ihr auf dem Erdenplaneten eure eigene Entwicklung durchmachen und dabei alles lernen und aufarbeiten, was ihr zu eurer Vollendung benötigt.

Viele Geistwesen erhalten aber die Erlaubnis, den Erdenwesen beizustehen und ihnen die Hilfe zu geben, die sie von ihnen erwarten. Dies geschieht, sobald sie sich in unseren Dimensionen bis zu einer bestimmten Stufe weiterentwickelt haben. Wenn ihr also für Verstorbene betet, sind diese Schwingungen, die unsere Dimensionen erreichen, sehr kraftvoll und energiereich. Gedanken, Affirmationen und Gebete bleiben nicht ungehört. Mit ihren Gedanken und ihrer Liebe sind die Geistwesen immer bei euch. Allein schon diese gedankliche liebevolle Unterstützung ist für euch sehr wertvoll.

Eine zweite Gruppe sind die Engel und Erzengel. Ein oder mehrere Engel dürfen dich von deiner Geburt bis zu deinem Tode auf deinem Erdenleben begleiten. Diese Engel nennt ihr Schutzengel. Sie haben die Aufgabe, dich in jedem Moment deines Lebens zu beschützen. Das bedeutet für dich, dass du niemals allein oder auf dich selbst gestellt bist. Dein Schutzengel ist immer bei dir. Auch wenn du irgendwo einmal ganz alleine sterben solltest, ist er da und wird dir beim Übergang in unsere Dimensionen helfen. Ich bin oft sehr traurig darüber, dass Millionen von Menschen nicht einmal wissen, dass sie einen Schutzengel haben. Der Schutzengel darf und kann dir nur helfen, wenn du ihn darum bittest. So ist es auch bei den weiteren Engeln und Erzengeln. Sie unterstützen und helfen sehr gerne. Aber du musst sie immer darum bitten, weil sie deinen freien Willen nicht durchbrechen dürfen.

Allerdings gibt es da eine Ausnahme. Bei sehr schwerwiegenden Vorfällen in deiner Inkarnation, in denen du durch gewisse Umstände zu früh zu uns zurückkommen würdest – was nicht so geplant wäre – dürfen und werden die Schutzengel auch ohne deine Bitte eingreifen, um dir zu helfen. Das kann ein schwerer Unfall oder eine tragische, schwere Krankheit sein. Ist deine Lebenszeit noch nicht abgelaufen, darfst du noch nicht wieder zu uns zurückkehren. Sowohl der Eintritt in dein Erdenleben als auch deine Rückkehr sind genau geplant. Vor deiner Inkarnation wurde mit dir zusammen deine Todeszeit auf die Minute genau festgelegt. In deinem Erdenleben hast du sie jedoch vergessen. Dies ist auch gut so.

Ich selber gehöre zu einer dritten Gruppe. Wir sind bereits hochentwickelte Lichtwesen, die an den unterschiedlichsten göttlichen Projekten arbeiten. Es gibt Erdenmenschen, die ihre letzte Inkarnation bei euch abgeschlossen haben und direkt in höhere Dimensionen aufsteigen dürfen. Das sind Erdenmenschen, die sich selber während ihres Erdenlebens nicht mehr in den Mittelpunkt gestellt haben. Sie verhielten sich zu Gunsten ihrer Mitmenschen völlig selbstlos und setzten sich uneigennützig und mutig für eine bestimmte Sache oder für andere Erdenwesen ein. Ich weiss, dass du Mutter Teresa immer sehr bewundert hast. Sie war so ein Erdenmensch. Sie durfte nach ihrem Tod sofort in höhere Dimensionen aufsteigen. Diese Wesen unterstützen und planen bei uns diverse Entwicklungsprozesse für die Menschheit und das ganze Universum.

Auch wir Lichtwesen helfen euch gerne, wenn ihr den Kontakt zu uns aufnehmt und an uns glaubt. Es ist unser größter Wunsch, dass sich möglichst viele Menschen mit dem Aufbau der geistigen Welt auseinandersetzen. Die geistigen Gesetze müssen jetzt ins Bewusstsein möglichst vieler Menschen gebracht werden. Es kann nicht sein, dass ihr weitere Jahrhunderte eurer Zeitrechnung im Dunklen tappt. Je mehr wir von euch Erdenwesen erreichen können desto besser. Es wird eine Zeit geben, in welcher der unsichtbare Schleier, der uns jetzt noch voneinander trennt, nicht mehr vorhanden sein wird und alle Erdenmenschen fähig sein werden, mit Wesen aus unseren Dimensionen zu kommunizieren.«

---

* Mutter Teresa
bürgerlich Anjezë (Agnes) Gonxha Bojaxhi. Geboren am 26. August 1910 in Üsküb, Osmanisches Reich, heute Skopje, Mazedonien. Gestorben am 5. September 1997 in Kalkutta, Indien. Mutter Teresa war eine Ordensschwester und Missionarin albanischer Herkunft, die die indische Staatsbürgerschaft besaß. Weltweit bekannt wurde sie durch ihren Dienst und ihre Hilfe zu Gunsten von Armen, Obdachlosen, Kranken und Sterbenden, für den sie 1979 den Friedensnobelpreis erhielt. In der Katholischen Kirche wird Mutter Teresa als »Selige« verehrt und soll bald heiliggesprochen werden.

Freier Wille – **Freie Entscheidung**

»Die Entwicklung eures *Selbst* kann auf dem Erdenplaneten nur mithilfe des freien Willens geschehen. Indem du einen freien Willen hast, hast du eine Wahl. Das bedeutet, du musst dich immer für oder gegen etwas entscheiden. Damit übernimmst du eine große Verantwortung, sowohl für dich selbst als auch für deine Mitmenschen. Jede deiner Entscheidungen wirkt sich unmittelbar auf deine nachfolgende Lebenssituation aus.

Wenn du einen einzigen Tag von dir einmal genauer unter die Lupe nehmen würdest, könntest du feststellen, dass du Tausende von Gedanken entwickelst und dadurch viele positive und negative Entscheidungen triffst. Gedanken sind das Ausgangsinstrument, mit dem ihr Dinge erschafft und direkt in euer Leben zieht. Da einmal Gedachtes nicht mehr rückgängig gemacht werden kann, solltest du lernen, deine Gedanken unter Kontrolle zu haben. Ein Gedanke ist immer mit einem Gefühl verknüpft. Eine sehr gute Methode ist deshalb das Beachten deiner Gefühle. Sie weisen dich direkt darauf hin, wie und was du die ganze Zeit denkst. Wenn du dich gut fühlst, sind deine Gedanken ebenfalls gut. Fühlst du dich schlecht, dann hast du zu viele negative Gedanken und machst dir unnötig über alles Mögliche Sorgen. Es ist wichtig zu wissen, dass sich jeder Gedanke manifestiert und sich auf deine weitere

Entwicklung auswirkt. Du bist für jeden Gedanken, für jedes gesprochene Wort und jede Handlung vollumfänglich verantwortlich. Ist dir dies bewusst, weißt du, wie wichtig die Kontrolle deiner Gedanken ist. Mit ihnen erschaffst du nicht nur dein eigenes Leben, sie wirken sich auch auf die Entwicklung des gesamten Universums aus. Alles ist mit allem verbunden.

Der freie Wille macht dein Erdenleben nicht einfacher. Diejenigen von euch, die glauben, dass jeder tun und machen kann, was ihm beliebt, ohne dafür die Konsequenzen übernehmen zu müssen, liegen falsch. Wenn sich ein Erdenwesen für puren Egoismus entscheidet und in allen Lebensbereichen nur immer sich selbst an erster Stelle sieht, werden auch seine mit seinem freien Willen gefällten Entscheidungen dementsprechend ausfallen. Diese falschen Entscheidungen schlagen sich im Karma nieder.

In der heutigen Zeit wird auf eurem Erdenplaneten alles daran gesetzt, mit naturwissenschaftlicher Forschung zu beweisen, dass es den freien Willen nicht gibt. Diese intelligenten Forscher untersuchen die Zusammenhänge zwischen Körper und Gehirn und können dabei feststellen, dass der Körper oft etwas macht, bevor es das Gehirn entschieden hat. Dies sind aber keine Beweise dafür, dass es den freien Willen nicht gibt. Es sind lediglich unterschiedliche Interpretationen des Begriffs *freier Wille*. Wir meinen mit dem freien Willen, dass du in deiner Inkarnation immer eine Wahl hast, die du nicht nur mit deinem Gehirn, sondern vor allem mit deinen Gefühlen treffen solltest. Ohne die freie Wahl wäre dein Erdenleben nicht notwendig oder sinnlos; denn nur durch die freie Wahl und deren Auswirkungen auf dein Leben lernst du, Verantwortung für dein Selbst und für alle anderen Lebewesen zu übernehmen.

Viele von euch können ihre Lebensziele nicht oder nur mit größter Anstrengung erreichen, weil sie die Macht ihrer Gedanken zu wenig kennen oder sich derer zu wenig bewusst sind. Die Spirale der negativen Gedanken hat eine entscheidende Auswirkung auf das geistige, seelische und körperliche Bewusstsein von euch Erdenmenschen. Weil die Gedanken sehr stark mit dem freien Willen verbunden sind, sollten wir sie möglichst immer unter Kontrolle haben.

Viele Erdenwesen haben die Tendenz zum Denken in Extremen. Entweder ist irgendeine Sache bei ihnen gut oder schlecht. Oft hängt das mit der eigenen Wahrnehmung von sich selbst zusammen. Überlege dir, wie du dich selber in bestimmten Situationen verhältst. Bist du oft blind für das Positive, indem du nur einen Teil der Sache wahrnimmst? Siehst du überhaupt das Positive in dir selbst? Erkennst du dich selber an? Lasst eure ständigen Gedanken nicht ziellos kreisen. Das steigert das Risiko von Depressionen. Ein Phänomen, das bei euch auf eurem Erdenplaneten immer häufiger festzustellen ist.

Wenn ihr es schafft, eure Gedanken zu kontrollieren, wird sich das sehr stark auf euren freien Willen auswirken; denn mit ihm trefft ihr laufend irgendwelche Entscheidungen, mit denen ihr euch eine glückliche oder eine unglückliche Welt erschafft.«

Zukunfts**voraussagen**

Ryan Ellis: Viele Anfragen an Simon beziehen sich auf Zukunftsprognosen. Ich spüre dann beim Fragesteller oftmals eine Enttäuschung über meine Antwort, dass eine prägnante Zukunftsvoraussage nicht möglich ist. Ich kann zwar mit Simons Hilfe in die nächsten möglichen Etappen eines Erdenlebens eintauchen, aber keine detaillierten Zukunftsvoraussagen daraus entnehmen. Dies hängt damit zusammen, dass wir Menschen auf der Erde zu Gunsten einer besseren Orientierung ein Zeitsystem mit den drei Komponenten Vergangenheit – Gegenwart – Zukunft aufgebaut haben. Im Universum bedarf es dieser Illusion nicht. Alles geschieht gleichzeitig, alles geschieht JETZT. Die Zukunft hängt von unseren persönlichen Entscheidungen ab, von unserem freien Willen. Also kann sie nicht von jemandem vorausgesagt werden. Es gibt aber Tendenzen, die ich bei einem Sternenflüstern mit Simon klar erkennen kann. Zum Beispiel, ob ein Mensch seine Krankheit wieder in den Griff bekommen oder ob es ein schwieriger Kampf für ihn werden wird.

»Die Zukunft ist ein Begriff, den wir in unseren Dimensionen nicht kennen. Wir befinden uns hier im JETZT, in der Gegenwart. Alles passiert gleichzeitig. Du kannst bei uns alles gleichzeitig sehen und erfassen, alles, was ihr auf dem Erdenplaneten unterteilt in Vergangenheit, Gegenwart und Zukunft. Du wirst bei uns alle deine vergangenen Leben gleichzeitig zusammen mit deinen zukünftigen Inkarnationen sehen können. Dies dient zur Förderung deines Bewusstseins, dass alle Inkarnationen für deine persönliche Entwicklung eine tiefe Bedeutung haben und du sie nicht einfach so ausgewählt hast oder auswählen wirst.

Es gibt in allen Lebenssituationen auf eurem Erdenplaneten immer mehrere Lösungswege. Ihr habt die Wahl und müsst euch für einen entscheiden. Jeder von euch kennt unbewusst seinen eigenen Lebensplan. Das heißt, nur du selbst kannst dich für den nächsten Schritt entscheiden. Das kann niemand anders für dich tun.

Deine Zukunft kann sich mit jedem deiner Gedanken ändern. Vielleicht entscheidest du dich umzuziehen. Du räumst deine Wohnung oder dein Haus und ziehst in eine andere Stadt. Kaum hast du dich eingelebt, liest du in der Zeitung, dass dein Haus bis auf die Grundmauern abgebrannt ist und die darin lebenden Menschen nicht mehr rechtzeitig in Sicherheit gebracht werden konnten. Hättest du dich nicht für den Umzug entschieden, könntest du jetzt eines dieser Opfer sein.«

Ryan Ellis: Oft liest man in Zeitungen oder im Internet Geschichten, in denen Menschen darüber berichten, dass sie wie durch einen inneren Instinkt nicht den vorgeplanten Weg gegangen sind. Jemand hat einen Flug storniert und das Flugzeug ist nachher abgestürzt. Jemand hat seine Sommerferien in einem bestimmten Land in letzter Minute abgesagt, und dann ereignete sich eine verheerende Naturkatastrophe in diesem Gebiet. Wir sprechen hier von unseren menschlichen Instinkten, von unseren inneren Eingebungen. Zum einen ist dies korrekt, zum andern aber gilt es zu beachten, dass wir nicht frühzeitiger als geplant wieder ›nach Hause‹ in unsere Dimensionen zurückkehren dürfen. Ist dies der Fall, werden unsere Schutzengel und Lichtwesen alles daran setzen, unser Leben zu beschützen und mit allen Mitteln versuchen, unsere Entscheidungen mit Hilfe ihrer Eingebungen in unser Unterbewusstsein dementsprechend zu beeinflussen.

Wir können unser Leben aber um keine Sekunde verlängern, wenn der Zeitpunkt für unsere Rückkehr gekommen ist.

»Wenn ich durch dich einem Erdenwesen eine Botschaft überbringe, ist die Nachricht nur diesem Wesen völlig verständlich, weil es alle Querverbindungen aus seinem eigenen Leben dazu hat und kennt. Ich zeige dem Wesen einen aktuellen Überblick über die bestehende Situation und übermittle ihm verschiedene Möglichkeiten und Wege, die er beschreiten könnte. Aber er muss selber den Weg finden, der für seine aktuelle Lebenssituation der beste ist. Die meisten Erdenwesen wissen im Prinzip, was die richtige Lösung für ihr Problem ist, oder spüren das zumindest ansatzweise. Meine Botschaften ermöglichen es ihnen dann, die Lösung vom Unterbewusstsein ins Bewusstsein zu holen.

Damit die geistige Welt dir helfen kann, musst du genau erkennen, was du willst. Sobald deine Entscheidung gefällt ist, ist der Problemknoten gelöst. Wenn du uns dann um Hilfe bei der Verwirklichung deines Problems bittest, werden wir sie dir nie verweigern.

Meine Botschaften für die Erdenwesen sind also dahingehend hilfreich, dass sich jemand aus dem Dschungel der Verwirrtheit wieder befreien und neu orientieren kann. Wichtig und entscheidend ist immer die Richtung, welche wir wählen, um an unser Ziel zu gelangen.

Die Zukunft ist ein mentales Muster, das in jedem Erdenwesen angelegt ist. Ohne eine Vorstellung von Zukunft ist Handeln für euch nicht möglich. Mit euren Erwartungen, Ängsten, Hoffnungen und Visionen baut ihr die Zukunft auf und versucht, sie für euch besser zu gestalten als die Gegenwart und die Vergangenheit.

Die ganze Zukunft eines Wesens vorauszusagen, ist nur der göttlichen Quelle möglich. Ihr habt alle eine ›Zukunft‹, nur muss das Drehbuch dazu von euch Tag für Tag neu geschrieben werden.«

Man braucht nicht immer einen Plan.
– Manchmal muss man einfach
durchatmen, loslassen und
abwarten, was passiert.

You don't always need a plan.
– Sometimes you only have to take a
deep breath, let go and wait to see what happens.

– anonymous –

Kapitel 4

Zeitenwende – Wege nach innen

Entwicklung des Menschen

»In den letzten Jahrhunderten waren die Grundwahrheiten über die Prinzipien und Regeln des Universums nur ganz wenigen Erdenmenschen zugänglich und verständlich. Die Menschen lebten mit einer tiefsitzenden Angst vor allem, was sie sich mit ihrem eigenen Verstand nicht erklären konnten. Vor allem die Angst vor Bestrafung durch ein göttliches Gericht am Ende der Lebenszeit und die Aussicht auf ein ewiges Leben in einem ›Fegefeuer‹ oder in einer ›Hölle‹ waren tief verankert.

Die wenigen Menschen, denen die Geheimnisse des Universums bekannt waren, entschieden sich aus Angst vor Bestrafung für die Geheimhaltung oder gaben bestimmte Hinweise nur verschlüsselt weiter. Eine andere Gruppe von Erdenwesen benutzte die globale Angst der Menschheit, dieses Ausgeliefertsein an etwas, das man sich nicht vorstellen konnte, dazu, Menschen zu unterdrücken, um sich selber große Macht zu verschaffen.

Das menschliche Wesen hat sich in der jüngsten Vergangenheit innerhalb einer sehr kurzen Zeitspanne so stark entwickelt, dass sich der Kreis der Erdenmenschen, die sich mit den göttlichen Wahrheiten und den Prinzipien des Universums auseinandersetzen, täglich vervielfacht. Der Verstand des Menschen ist aber immer noch sehr eingeschränkt und begrenzt. Viele Informationen könnt ihr mit eurem Gehirn noch nicht vollständig aufnehmen oder richtig verarbeiten. Um die Grundwahrheiten des Universums zu erkennen und sie zu Gunsten aller anwenden zu können, braucht es nicht nur einen geschärften Intellekt, sondern vor allem ein Urvertrauen und einen Glauben an eine höhere Instanz. Diese höhere Macht existiert in allen Religionen auf eurem Erdenplaneten. Ihr habt dafür nur unterschiedliche Begriffe gewählt.

In bestimmten Religionen ist der Begriff ›Höhere Macht‹ nicht an eine bestimmte Person gebunden. Wenn du dir ein göttliches Wesen – meistens hat das für euch eine männliche Form – vorstellst, sind das alte Prägungen aus deiner Vergangenheit. Gott wird oft als älterer Mann beschrieben und dargestellt, der das Vater-Symbol verkörpert. Diese Symbole hatten vielleicht in der Vergangenheit eine gewisse Berechtigung, weil euer Verstand und euer Wissen noch nicht bereit waren, sie abstrakter zu verstehen.

Es ist unmöglich, das göttliche Prinzip auch nur annähernd so zu beschreiben, dass ihr es zum jetzigen Zeitpunkt in eurer Dimension verstehen könnt. Und doch ist es mit euren Worten eigentlich ganz einfach zu erklären. Stelle dir Gott als eine riesengroße, unglaublich hell strahlende Sonne vor. Diese Sonne besteht aus unendlichen Billionen von Einzelwesen. Eines dieser Wesen bist du. Du hast dich in der Entwicklung der Menschheit von dieser Sonne entfernt, aber du bist immer ein Teil von ihr geblieben. Deine Aufgabe ist es, irgendwann wieder in dieses Sonnenlicht einzutauchen, zum göttlichen Ursprung zurückzukehren. Eine Form von Gott existiert also nicht irgendwo völlig unabhängig und isoliert da draußen im Universum. Gott ist ALLES. Du bist ein Teil von Gott, und deshalb ist Gott auch in dir, genauso wie er in allen anderen Lebewesen existiert.

Der Sinn und das Ziel der Entwicklung des Menschen ist es, wieder zur göttlichen Quelle zurückzukehren. Egal welcher Religion du auf diesem Erdenplaneten angehörst oder welchen Namen du dieser höheren Macht gibst. Es sind alle Menschen göttlich und mit allen anderen Wesen verbunden.

Diese Entwicklung der Menschen wird sich nun immer schneller vollziehen. Das ganze Universum ist daran interessiert und beteiligt. Dies hat einen einfachen Grund. Die gesamte Entwicklung eures Erdenplaneten hat starke Auswirkungen auf alles andere im Universum. Deshalb haben sich in den letzten Jahrzehnten eurer Zeitrechnung sehr viele Wesen bei euch inkarniert, die das Bewusstsein der Menschheit stark beeinflusst, verändert und beschleunigt haben.

Alle Wesen aus unseren Dimensionen (Geistwesen, Lichtwesen, Engel und Erzengel), von denen ich dir bereits erzählt habe, sind an dieser großen Aufgabe der Entwicklung der Menschheit beteiligt und daran interessiert, dass bei vielen Erdenwesen möglichst schnell ein Umdenken stattfindet. Deshalb sind wir dir auch unendlich dankbar, dass du mit diesen Zeilen wieder Tausende von Menschen erreichst, die mit diesem Wissen über das Göttliche Prinzip ihre Inkarnation viel leichter und bewusster leben können.

In den nächsten Entwicklungsschritten der Menschheit werden immer mehr Erdenwesen den Kontakt zu unseren Dimensionen aufnehmen können und wollen. Die Unwissenheit der Menschheit wird einem Wissen über das göttliche und ewig gültige Prinzip weichen. Dann wird der Schleier des Vergessens zwischen unseren Dimensionen fallen. Wir werden mit allen inkarnierten Wesen kommunizieren und sie dadurch auf dem Weg ihrer Entwicklung noch intensiver begleiten können.«

**Jedes Leben hat eine Bestimmung.
Teile deine Geschichte,
und du könntest jemandem helfen,
seine eigene zu finden.**

Every life has a purpose –
Share your story and you may help someone
find their own.

– Demi Lovato –

An etwas **glauben**

»Auf der Suche nach ihrem Selbst begeben sich erfreulicher-
weise immer mehr Erdenwesen auf den Weg *nach innen* und
legen die egoistischen, oberflächlichen und harten Schalen
der äußeren Fassade, der Abhängigkeit und des Egos langsam ab. Dieser Weg ist meist beschwerlich und kann für viele
Menschen harte Arbeit bedeuten. Wenn du aber dein innerstes Wesen gefunden hast, dann ist es so, als ob ein dunkler
Schleier von deinen Augen und von deinem Herzen weggezo-
gen würde und du nach langer Zeit endlich die Sonne wieder
sehen könntest.

Viele von euch sind während ihrer ganzen Inkarnation auf der
Suche nach sich selbst, nach dem Sinn des Daseins. Jedes ein-
zelne Leben hat für irgendjemanden oder irgendetwas einen
Sinn. Somit ist jede Daseinsform berechtigt, auch wenn viele
Erdenwesen das Gefühl haben, für niemanden zu existieren
oder von niemandem gebraucht und verstanden zu werden.

Für euch ist der Begriff ›an etwas glauben‹ oft negativ besetzt.
Viele von euch bringen damit ihre in der Erziehung von der
Religion auferlegten Glaubenssätze ins Spiel, der Glaube an
die absolute Wahrheit des jeweiligen Glaubensinhaltes. Ob du
diesen Inhalt verstanden hast oder nicht, scheint dabei keine Rolle zu spielen. An ›etwas glauben‹ kann man auch nicht

gleichsetzen mit ›von etwas überzeugt sein‹. Deine negativ besetzte Überzeugung könnte sich auch in Richtung Fanatismus entwickeln, mittels dessen viele Erdenwesen ihre religiösen Glaubenssätze zelebrieren und anderen Wesen aufdrängen. In den letzten Jahrhunderten wurde dadurch auf eurem Erdenplaneten viel Leid und Karma geschaffen. In unseren Dimensionen beinhaltet glauben ein ›Fürwahrhalten‹ von einer Sache, von der man nicht sicher weiß, ob sie wirklich existiert. Glauben hat viel mit vertrauen zu tun. Wenn du jemandem vertraust, dann glaubst du ihm auch.

Jeder Mensch glaubt an irgendetwas. Auch diesbezüglich ist es wieder deine eigene Entscheidung, an wen und was du glauben möchtest. Wichtig ist, dass du nicht einfach mit jemandem konform gehen willst und seinen Glauben ohne zu hinterfragen übernimmst. In die für dich stimmige Form des Glaubens, in das Vertrauen in etwas, musst du hineinwachsen. Du musst lernen, Informationen miteinander zu verknüpfen, um danach bestimmte Einzelteile zu einem Ganzen zusammenfügen zu können. Es kann auch sein, dass du zuerst für dich bestimmte Erfahrungen hinter dich bringen musst, um überhaupt an etwas zu glauben. An etwas zu glauben, ist also ein fortwährender Prozess, innerhalb dessen du deinen Glauben an eine Sache immer weiter entwickeln kannst.«

Ryan Ellis: Vor einigen Monaten suchte mich eines Abends jemand an meinem Arbeitsplatz auf, der einige Jahre mit mir zusammengearbeitet hatte. Ich merkte sehr schnell, dass dies nicht einfach ein kollegialer Kurzbesuch war, und spürte die tiefe Niedergeschlagenheit und die Betroffenheit, die von diesem Mann ausstrahlte.

Während unseres Gesprächs erzählte er mir, dass er in einigen Tagen einen schwierigen operativen Eingriff vor sich habe und seine Lebensqualität danach sehr eingeschränkt sein würde. Er, der Powerman, dem immer alles gelungen war und der auch in seinem Alter vor Energie nur so strotzte, schien aufgeben zu wollen.

Wir beide hatten uns nie zuvor über Religion oder Glauben unterhalten. Das taten wir auch an jenem Abend nicht. Ich hatte ihm auch nie etwas über Simon erzählt und von meiner besonderen Fähigkeit. Ohne lange zu überlegen, teilte ich ihm eine Kurzversion meiner Möglichkeiten mit. Er wurde immer ruhiger und bat mich nach Beendigung meiner Ausführungen, mich für sein Anliegen mit Simon in Kontakt zu setzen. Er sei jetzt dazu bereit, alle sich ihm bietenden Möglichkeiten auszuprobieren.

Am nächsten Tag besprach ich die Botschaften von Simon mit ihm und seiner Frau. Beide zweifelten keinen Moment an seinen Mitteilungen und zögerten nicht, diese umzusetzen. Von diesem Tag an nahm mein Kollege Simons Ratschläge einen nach dem anderen an. In den darauf folgenden Wochen und Monaten wurden sie minutiös umgesetzt. Ich hatte bis zu diesem Zeitpunkt noch selten jemanden getroffen, der, aus einer tiefen Verzweiflung heraus, innerhalb kürzester Zeit einen so wunderbaren Glauben an eine Sache entwickeln konnte.

Nach der Einholung einer von Simon empfohlenen ärztlichen Zweitmeinung wurde die bereits geplante Operation abgesagt. Die Chemotherapien ließen sich zwar nicht vermeiden, aber bereits nach ein paar Wochen zeigten sich die ersten positiven Resultate. Mittels eines überdurchschnittlichen Willens und einer parallel dazu verlaufenden Lebensumstellung konnte die schwere Krankheit besiegt werden.

Dies ist für mich ein wunderbarer Beweis dafür, dass in unserem Leben mit einem tiefen Glauben Dinge möglich werden, für die weder wir noch Außenstehende eine plausible Erklärung finden können.

Als ich meinen ehemaligen Arbeitskollegen das letzte Mal gesehen habe, zeigte er mir ein Amulett, das er speziell für sich hatte anfertigen lassen. Als Dank für seine wiedergewonnene Gesundheit trug er an einer feinen Kette einen kleinen Engel um seinen Hals. Es war sein Schutzengel, zu dem er jeden Tag Kontakt aufgenommen und mit dem er während der wohl schwierigsten Phase seines Lebens erfolgreich zusammengearbeitet hatte. Sein Dank und seine Freude waren riesengroß. Durch die Wiederentdeckung und Entwicklung eines tiefen Glaubens hatte er seine schwere Krankheit in den Griff bekommen und besiegt.

An etwas zu glauben, sein Vertrauen in etwas zu setzen, kann Dinge bewirken, die niemand für möglich gehalten hätte.

**Es ist nicht von Bedeutung, ob wir gläubig sind.
Wichtig ist nur, dass wir ein gutes Herz haben.**

It is not relevant, if we are religious or not.
The only thing that is essential, is to have a heart of gold.

– Dalai Lama –

Beten

»Beten bedeutet für euch ›mit einer höheren Macht zu sprechen‹, euch mit einer höheren Macht zu verbinden. Das Gebet
ist bei euch eine zentrale Glaubenspraxis vieler unterschiedli-
cher Weltreligionen. In einem Gebet versucht ihr, einem göttlichen Wesen mitzuteilen, was euch beschäftigt oder was ihr
euch wünscht.

Die meisten Erdenwesen beten als Kinder noch sehr oft, weil
da der Kontakt zur göttlichen Welt noch umfassend vorhanden ist. Durch zum Teil aufgedrängte weltliche und kirchli-
che Rituale verliert das Gebet aber im Erwachsenenalter meist
schnell an Bedeutung. Erstaunlich dabei ist, dass ihr euch in
schlimmen, Angst einflössenden Situationen sofort wieder an
das Gebet und an die Kraft des Gebetes zurückerinnert und
mit ihm eine Brücke zu unseren Dimensionen schlagt.«

Ryan Ellis: Als ich vor zwei Jahren mit meiner Schwester
Emily nach London flog, saß neben mir am Fensterplatz eine
äußerst attraktive Frau. Während des ganzen Fluges las sie in
ihrem Buch, und wir beide wechselten kaum ein Wort. Hinter
uns hatten es sich ein paar junge Mädchen bequem gemacht.
Sie unterhielten sich lautstark darüber, was sie in London alles
einkaufen und in welchen Clubs sie ihre Abende verbringen
wollten.

Das Flugzeug flog plötzlich sehr unruhig, und das Wetter wurde immer turbulenter. Die Frau neben mir legte das Buch weg und sah mit ängstlichem Blick aus dem Fenster. Es zog ein starker Sturm mit heftigen Windböen und mit massivem Regen auf. Auch meine Schwester Emily sah mich mit besorgtem Blick an. Durch die noch stärker werdenden Turbulenzen geriet das Flugzeug immer mehr ins Trudeln. Die Frau am Fensterplatz zitterte am ganzen Körper, und Tränen flossen über ihr Gesicht.

Als die Turbulenzen nicht aufhörten, ergriff sie meine Hand und begann laut zu beten. Die Mädchengruppe hinter uns war verstummt, und im Flugzeug war kein Wort mehr zu hören, nur noch das Beten meiner Sitznachbarin. Trotz ihrer tränenerstickten Stimme wirkte ihr Gebet in diesem Moment seltsam beruhigend. Ich weiß nicht mehr, wie lange oder was sie gebetet hat. Die Zeit schien stillzustehen. Doch plötzlich flog das Flugzeug wieder ruhiger, und der Sturm ließ nach. Auch Emily atmete erleichtert auf.

Es dauerte noch eine ganze Weile, bis die Passagiere ihre Gespräche wieder aufnahmen. In der noch verbleibenden Zeit bis zur Landung kamen viele an unseren Sitzplätzen vorbei, um einen Blick auf die Frau zu werfen, die in einer heiklen Situation den Mut aufgebracht hatte, laut zu beten.

Emily und ich hatten vor dem Verlassen des Flugzeugs noch ein interessantes Gespräch mit ihr. Sie hatte in ihrer Vergangenheit auf einem Flug nach Buenos Aires etwas Ähnliches erlebt und war damals knapp einem Absturz entgangen. Eigentlich hatte sie die Absicht, nie mehr zu fliegen, aber sie war von ihren Kindern für ein Wochenende nach London eingeladen worden. Ihr lautes und mutiges Beten in dieser für alle

Passagiere gefährlichen Situation haben wir beide bis heute nicht vergessen.

Aus den Nachrichten kann man immer wieder entnehmen, dass in einer lebensbedrohlichen Situation die Menschen mit Beten beginnen, unabhängig von ihrer Nationalität, Hautfarbe oder Religion. Sei dies unmittelbar vor einem drohenden Flugzeugabsturz, beim Untergang eines Passagierschiffes oder bei schlimmen Ereignissen, in denen es uns Menschen schlagartig bewusst wird, dass wir die anstehende Situation womöglich nicht überleben werden.

»Das Beten kann umfassend dazu beitragen, eine negative Situation aufzulösen und sie in eine positive umzuwandeln. Viele Erdenwesen beten meist für sich selbst. Das ist auch völlig in Ordnung. Wenn du mit dir selbst nicht im Reinen bist und viele ungelöste Probleme und Sorgen mit dir herumschleppst, kannst du auch andere Erdenmenschen nicht unterstützen oder ihnen helfen. Die Kraft des Betens ist aber noch um ein Vielfaches größer, wenn du das Gebet für andere Menschen sprichst. Du bringst damit zum Ausdruck, dass diese Wesen, für die du betest (bittest), dir wichtig sind und du dich um ihr Wohlergehen sorgst.

Dem gemeinsamen Beten wird bei euch ebenfalls sehr viel Energie zugeschrieben. Die Gefahr dabei besteht aber darin, dass die gemeinsamen Gebete oft in monotoner Art und Weise heruntergeleiert werden. Ich möchte euch dazu ermutigen, mehr Gebete mit eigenen Worten zu formulieren und diese dann mit tiefen Gefühlen zu uns aufsteigen zu lassen. Überall wo mit Gefühl und Hingabe gebetet wird, wird es heller, gibt es mehr Lichtfunken. Für Menschen, die solche Gebete nicht oder nur schlecht formulieren können, gibt es in eurer

Dimension inzwischen viele weltliche Wesen, die diese Gebete mit uns zusammen schreiben und sie euch dann zugänglich machen können.«

Ryan Ellis: Als mein Vater starb, wurde drei Tage lang jeden Abend in der Kirche das Rosenkranzgebet für ihn gebetet. Alle, die meinen Vater gekannt hatten, waren da und beteten mit. Ich kann mich immer noch an den monotonen Klang der sich stets wiederholenden Worte erinnern. Zum einen war es schön, dass so viele Menschen zusammenkamen, um für meinen Vater zu beten. Auf der anderen Seite hatte ich das Gefühl, dass mein Vater lieber gehört hätte, wie sehr wir ihn vermissen und was wir ihm alles noch hätten sagen wollen, bevor er ging.

Bei Menschen, bei denen das Beten immer noch ein integraler Bestandteil ihres Alltags ist, gibt mir Simon oft ein kurzes Gebet mit, das die Fragestellenden ein- oder mehrmals am Tag beten sollen. Diese Gebete sind mit für mich unerklärbaren energetischen Schwingungen versehen und können eine Heilung schneller vorantreiben. Die Erfolge lassen sich erstaunlicherweise auch bei den Menschen feststellen, die an nichts glauben und diese Gebete nur aus Verzweiflung beten.

**In der Meditation geht es ganz einfach darum,
man selbst zu sein und sich allmählich darüber
klarzuwerden, wer das ist.**

When meditating it's only important
to be yourself and to become gradually aware
of who that person really is.

– Jon Kabat-Zinn* –

---

* Jon Kabat-Zinn ist emeritierter Professor an der *University of Massachusetts Medical School* in Worcester. Er unterrichtet Achtsamkeitsmeditation, um Menschen zu helfen, besser mit Stress, Angst und Krankheiten umgehen zu können.

Meditation

»Viele Menschen lassen sich von einer unablässigen Strömung von Gedanken und Emotionen mitreißen und können sich aus dem dadurch entstehenden Sog kaum mehr befreien. Es wird zunehmend schwieriger, Gelassenheit, Entspannung und Freude am Leben zu entwickeln oder aufrechtzuerhalten. Du verlierst so mit der Zeit deine Authentizität, deinen Bezug zu dir selbst, und du lebst nur noch in der Außenwelt. Der Weg zu deinem Inneren ist versperrt. Du brauchst eine Art Schlüssel, um wieder an dein Selbst, an das Zentrum deiner Persönlichkeit zu gelangen und um deine störenden, dich beängstigenden und belastenden Gefühle loslassen zu können. Eine wirkungsvolle Hilfe zur Lösung all dieser negativen Blockaden bietet dir die Meditation.

Meditieren bedeutet, mit dem Göttlichen in Kontakt zu treten. Dies kannst du auf völlig verschiedene Art und Weise machen. Durch bestimme Riten, Gebete, Tempel-, Kirchen- und Kapellenbesuche oder mittels eines einsamen Spaziergangs im Wald oder am Meer. In deinen Gedanken versuchst du, eine höhere Macht auf ein bestimmtes Anliegen von dir aufmerksam zu machen oder dich für etwas Bestimmtes zu bedanken.

Dabei bist es nicht nur du, der in der Meditation den Kontakt zum Göttlichen herstellen kann, sondern auch der umgekehrte Weg ist möglich. Durch ein bestimmtes Ereignis, durch einen bestimmten Menschen oder durch deine Träume vermittelt dir das Universum oft wichtige Botschaften. Wenn du nicht in dir selbst ruhst – und das tun die wenigsten auf eurem Erdenplaneten – kann es durchaus sein, dass du die Botschaft nicht hören kannst.

Oft sind es gerade die einfachen Menschen, die einen unkomplizierten Lebensstil führen und somit empfänglicher sind für Botschaften aus unseren Dimensionen. Erdenwesen, die sich den ganzen Tag mit Informationen, Zahlen, Texten und weiterem Ballast auseinandersetzen müssen, fällt es viel schwerer, in die Stille einer Meditation einzutauchen.

Befindest du dich in einer Meditationsphase, wird das, was ihr *Zeit* nennt, verlangsamt. Alle weltlichen und universellen Energiewellen fließen ruhiger – und es wird stiller. Es scheint, als ob der Zeitbegriff gar nicht mehr existieren würde. Tief im Inneren seid ihr für einen bestimmten Moment im JETZT angekommen, dort, wo es keine Trennlinien zwischen Gegenwart, Vergangenheit und Zukunft mehr gibt. Genau an diesem Ort ist die Kontaktaufnahme zu uns am einfachsten. Ihr könnt die Verbindung zu uns schneller herstellen, und die Botschaften können mit größerer Geschwindigkeit übermittelt werden. Es ist der Ort, an dem ihr eure positiven und negativen Gedanken in einer Art Zeitlupentempo wahrnehmen und euch dann bewusst nur für die positiven, zum Erfolg führenden entscheiden könnt.

Die Menschen auf eurem Erdenplaneten zelebrieren die Meditation seit Jahrhunderten eurer Zeitrechnung. Rund um den Bereich Meditation wird eine Art geheimnisvolle Aura zelebriert, und es wird auch viel Geld damit umgesetzt. Der wahre Kern der Meditation ist aber deine eigene innere Beziehung zu etwas Göttlichem, die du in der Fülle nur in der Ausgeglichenheit der Ruhe und in deiner eigenen Mitte finden kannst. Dort ist der einzige Punkt, an dem es dir gelingt, die Flut deiner Gedanken zu kontrollieren und zu filtern. Du kannst die positiven Gedanken während einer längeren Zeitspanne vor deinem geistigen Auge sehen und sie somit schneller zu dir heranziehen.

Dazu musst du aber nicht unbedingt Meditationskurse besuchen. Du kannst in deinen Tagesablauf ganz bestimmte Zeitfenster einbauen, in denen du zur Ruhe kommen und somit deine ständig kreisenden Gedanken bewusst kontrollieren kannst. Dafür wählst du dir einen Ort aus, an dem du möglichst von anderen Wesen nicht gestört wirst. Wunderschöne Meditationsorte sind in der Nähe von Bäumen oder am Wasser. Oft reicht es schon, wenn du einmal für eine bestimmte Zeit nicht sprechen oder anderen nicht zuhören musst. Sehr schöne Meditationen ergeben sich auch durch Hören von bestimmter Musik.

Wie in deinem weltlichen Alltag, hast du auch in der Meditation weiterhin die freie Entscheidung, ob und wie du auf deine eigenen Gedanken reagieren möchtest. Aus deinem Alltag kennst du die Situationen, in denen dich bestimmte, immer wiederkehrende Gedanken fast verrückt machen. Indem du die Gedankenflut verlangsamen und somit schlechte und krankmachende Gedanken eliminieren kannst, wird dein Ego ausgeschaltet. Indem du Körper, Verstand und Gefühle in Einklang bringst, bist du in dir selbst angekommen, in deinem eigenen Zuhause. In einer tiefen Meditation bist du eins mit dem Universum, und es gelingt dir, zu empfangen und zu geben. Auf diese Art können alte Konditionierungen aufgelöst und dein Körper neu programmiert werden.

Es ist deshalb für alle Erdenmenschen sehr wichtig, bestimmte Zeiten in der Stille zu verbringen. Diese Stille wird sich bei den meisten von euch am schnellsten durch Meditation ergeben. Somit ist gewährleistet, dass ihr die göttliche Verbindung in unsere Welten nicht verliert.«

**Du und ich, wir sind eins.
Ich kann dir nicht wehtun,
ohne mich selbst zu verletzen.**

You and me we are one.
I can't hurt you
without hurting myself .

– Mahatma Gandhi–

Kapitel 5

Die Umwandlung der Zellen

Der Mensch ist heil,
vollkommen und ganz

»Wenn du unsere Dimensionen für eine weitere Reinkarnation verlässt, bist du heil, vollkommen und ganz. Das bist du im Prinzip auch während der gesamten Dauer deines neuen Lebens auf deinem Erdenplaneten. Du warst, bist und bleibst für immer vollkommen, weil du ein Teil des Göttlichen bist.

Weil du für eine Existenz auf deinem Erdenplaneten in eine Hülle, deinen Körper, schlüpfen musst, lässt es sich aber nicht vermeiden, dass mit zunehmendem Alter und je nach Art deiner Lebensweise Verschleiß- und Abnutzungserscheinungen auftreten. Ihr bezeichnet diese Form, die meist mit Schmerzen verbunden ist, als Krankheit. Bei einer körperlich, seelisch und geistig gesunden Lebensweise werden diese körperlichen Begleiterscheinungen nur wenig bis kaum erkennbar sein. Musstest du aber hart arbeiten, deinen Körper bis an seine Grenzen fordern oder wurde dir durch andere Menschen oder durch dich selbst großes seelisches Leid zugefügt, macht sich im schwächsten Punkt deines Systems, deines Körpers, eine Krankheit bemerkbar, die ihren Ursprung immer in einer geschädigten Zelle hat. Sobald du dies bemerkst, solltest du begreifen, dass die körperlichen Signale dich dazu auffordern, dein Leben zu überdenken oder komplett umzustellen.

Wir stellen in unseren Dimensionen mit großer Sorge fest, dass zur Zeit die Mehrzahl der Erdenmenschen durch täglichen Stress und Belastung oder durch dauerhaft negatives Denken krank werden. Jegliche Form von Negativität, sei es im Denken, Sprechen oder Tun, wendet sich früher oder später gegen dich selbst. Die Menschen, die zur jetzigen Zeit auf dem Erdenplaneten inkarniert sind, schaden sich am allermeisten mit ihrer gegenseitigen Eifersucht, ihrer Habgier, ihren Machtgelüsten und Hassgefühlen. Vielen von euch geht es deshalb so schlecht, weil sie sich in den soeben genannten Gefühlsfeldern nicht mehr kontrollieren können oder wollen und sich somit immer mehr in den Sog von körperlich-seelischem Unwohlsein hineinziehen lassen.

Dein Körper ist ein absolutes Wunder. In jeder einzelnen deiner Zellen findest du das gesamte Abbild des ganzen Universums. Alles, was du brauchst und wissen musst, ist in jeder einzelnen deiner Zellen gespeichert. Also schade ihnen nicht, weder durch nachlässige Ess- und Trinkgewohnheiten, überdimensionalen Stress, körperliche Vernachlässigung oder Überforderung noch durch dein ständig negatives Denken.

Wenn in deinem körperlich – geistig – seelischen Bereich Beschwerden auftreten und du dich unwohl fühlst, ist es an der Zeit, deine Zellen neu zu programmieren. Du kannst dies durch gezieltes Denken und mittels unserer Hilfe selber machen. Die Krankheit oder die Gesundheit beginnt immer in einer Zelle. Gelingt es dir, deinen Fokus mit all deiner Kraft und Energie auf die Heilung der kranken Zelle zu richten, dann werden diese die erhaltenen Botschaften und neuen Informationen in Windeseile allen umliegenden Zellen weitergeben.«

Ryan Ellis: In den letzten Jahren erhielt ich immer wieder sehr erdrückende Anfragen im Hinblick auf unvorhergesehene ›unheilbare‹ Krankheiten. Ich habe die Erfahrung gemacht, dass es sich bei jeder noch so schwerwiegenden Diagnose absolut lohnt, mit der Geistigen Welt und mit sich selbst zusammenzuarbeiten und nicht aufzugeben.

In Simons Botschaften für diese meist verzweifelten Menschen erhalte ich immer wieder klare Anweisungen, wie mit einer intensiven Zusammenarbeit der geistigen Dimensionen und durch gedankliche Neuprogrammierung der kranken Zellen in relativ kurzer Zeit eine positive Veränderung des Allgemeinzustandes hergestellt werden kann. In vielen Fällen verstehen oft weder die direkt Beteiligten noch die Ärzte, was genau passiert ist.

So kann es sein, dass ein unberechenbarer, großer und aggressiver Tumor von mehreren Zentimetern sich innerhalb von einigen Wochen verkleinert und plötzlich gar nicht mehr vorhanden ist.

Ich möchte an dieser Stelle aber noch einmal hervorheben, dass der Erfolg einer solchen Behandlung immer stark von der Einstellung der kranken Person abhängt und in heiklen, komplexen Fällen natürlich immer durch eine zusätzliche ärztliche Begleitung unterstützt werden sollte. Wie Simon es mir zu Beginn unseres ›sternenflüsterns‹ mitgeteilt hat, liegen die Antworten auf alle Fragen in uns selbst, in unseren Zellen. Es ist also möglich, mit einem starken Willen, unserer festen Überzeugung und unserem tiefen Glauben diese Zellen zu beeinflussen. Wir haben sie mit unseren Gedanken, Worten und unserem Handeln beeinflusst, als sie krank geworden sind. Weshalb sollten wir das jetzt nicht auch in umgekehrter Reihenfolge bewerkstelligen können?

Wenn aber der Zeitpunkt für einen Menschen gekommen ist, sich von diesem Leben verabschieden zu müssen, um wieder ›nach Hause‹ zurückzukehren, ist eine Heilung durch eine Neuprogrammierung nicht mehr möglich und wird demzufolge auch nicht mehr gelingen.

Die große Ablenkung **des Menschen**

»Für die Menschen, die zum jetzigen Zeitpunkt auf der Erde inkarniert sind, ist es äußerst schwierig, sich nicht zu verlieren oder sich selbst wiederzufinden. Die Entwicklung der Technik wird für euch immer rasanter, und die dadurch gewonnenen Möglichkeiten ziehen euch immer mehr in ihren Bann.

Der jetzige Erdenmensch ist süchtig nach Technik und verliert sich dabei selbst immer mehr aus den Augen. Er kann sich selber immer weniger spüren. Dadurch verliert er nicht nur das Mitgefühl für sich, sondern auch das Einfühlungsvermögen in andere Menschen in seiner unmittelbaren Umgebung.

Durch die beständige Ablenkung der zur Verfügung stehenden technischen Hilfsmittel benützt der Erdenmensch seine Intuition und seine Gefühle immer weniger. Er ist nur noch auf Äußerlichkeiten fixiert, die er in möglichst kurzer Zeit abrufen kann und bei denen er sich nicht viel überlegen und sich selber oft gar nicht mehr einbringen muss. So fällt es euch immer schwerer, über euch selber und eure Entwicklung nachzudenken. Ihr seid die Generation der Apps und erfindet jeden Tag neue Computerapplikationen, die alles Mögliche für euch übernehmen und von denen ihr immer abhängiger werdet.

Wo ist die Applikation, die euch in Erinnerung ruft, aus welchem Grund ihr hier seid? Weshalb ihr den nicht einfachen Weg auf euch genommen habt, hier, auf diesem Erdenplaneten zu inkarnieren? Wo findet ihr die Applikation, die dafür sorgt, dass ihr eure Entwicklung mit anderen Erdenwesen *zusammen* macht und nicht mit einem technischen Gerät irgendwo in einer Wohnung, einsam und isoliert?

Eure technischen Hilfsmittel sind nichts prinzipiell Schlechtes; aber es bereitet uns große Sorgen, wie ihr sie einsetzt und verwendet. Ihr seid mit diesen Geräten in eine totale Abhängigkeit hineingeraten. Sie sind für euch zu einer Ersatzbezugsperson geworden. Die immer rasantere Entwicklung der Technik wird deshalb für euch nicht nur Fortschritt bedeuten, sondern auch viel Leid über die Menschheit bringen.

Nehmen wir die Geräte, die ihr als Computer und Handy bezeichnet. Der Umgang damit verschafft dir schnellen Zutritt zu diversen Welten, in denen du dich sonst gar nie bewegen würdest. Du bist überall dabei, hast Hunderte von ›Freunden‹, weißt von allen alles und machst auch deine Lebensinhalte vielen Fremden zugänglich. Du bist deswegen aber nicht beliebter, denn das ist alles nur Schein. Im Grunde genommen wirst du damit immer einsamer. Du hast ein Gerät als Partner. Deine persönlichen Mitteilungen sind schon lange nicht mehr persönlich. Wie sollen sie das auch sein, da du sie ja mit Tausenden von Menschen teilst. Du gibst somit einer Person, die du gern hast, nicht mehr das Gefühl, dass sie etwas ›Besonderes‹ ist, weil du dieselben Dinge ja auch Tausenden von anderen Erdenmenschen zur Verfügung stellst.

Die große Ablenkung in eurer jetzigen Zeit ist durch die rasante Entwicklung der Technik entstanden. Sie wird euch immer mehr in die Isolation führen. Es wäre nicht das erste Mal in der Menschheitsgeschichte. Es gab bereits Kulturen auf diesem Erdenplaneten, die deutlich weiter entwickelt waren als ihr und die sich selbst durch die Technik wieder zerstört haben.

Wir vermissen die Gespräche zwischen euch Erdenmenschen, den gedanklichen Austausch, für den ihr euch Zeit nehmt, bei dem ihr euch gegenüber sitzt und euch dabei in die Augen schauen könnt. Gespräche, bei denen ihr die Gefühle des anderen aufnehmen könnt, in denen Emotionen sichtbar und menschliche Wärme und Geborgenheit spürbar werden. Warum schätzt ihr die entstehende Nähe bei einer persönlichen Kontaktaufnahme nicht mehr? Wozu habt ihr eine Stimme, wenn ihr sie nicht mehr benutzt?

Ich erinnere mich immer noch an unsere ›sternenflüstern‹- Gespräche zwischen Vater und Sohn. Diese Nähe hat eine so starke Verbindung zwischen uns geschaffen, die uns heute noch einen wunderbaren Austausch ermöglicht. Wenn du tief in dein Innerstes eintauchst, kannst du den Klang meiner Stimme immer noch hören, die Farbe meiner Augen noch sehen und mein Lachen und Weinen spüren. Das alles geht bei einer technischen Textnachricht verloren. Es wird nichts davon sichtbar. Obwohl ihr mit Tausenden von Erdenmenschen gleichzeitig in Kontakt stehen und euch dabei austauschen könnt, werden die meisten von euch ihr wahres ICH, ihre wahren Gefühle, Träume und Wünsche niemals jemandem zeigen können. Ihr alle verbaut euch dadurch wesentliche Entwicklungschancen. Erinnere dich immer daran, dass die Erreichung deiner Lebensziele nur durch den Austausch mit anderen Wesen möglich ist. Für deine persönliche Entwicklung brauchst du Menschen, keine Maschinen und Apparate.

Lasse dich deshalb durch deine technischen Geräte nicht davon abhalten, die unmittelbare Nähe der anderen Erdenmenschen zu suchen und zu pflegen.

Erinnerst du dich noch an das Zitat, das deine Mutter früher oft verwendet hat?

**›Niemand kann durch sich selbst leben.
Ich mal Ich ergibt Null.‹**

Zenta Maurina

Diese Worte drücken sehr prägnant aus, wohin die unkontrolliert gebrauchten technischen Ablenkungen und der dadurch entstehende Egoismus euch bringen werden. Immer mehr Erdenwesen werden ein einsames, trauriges Leben in einer selbst erschaffenen Isolation führen und dabei Körper und Seele großen Schaden zufügen.«

Konzentration auf **das Wesentliche**

»Was ist das ›Wesentliche‹, die Essenz deines Lebens? Es ist nicht deine Karriere, dein Geld oder deine Besitztümer. Die Essenz eines Erdenlebens ist das geistige und seelische Wachstum. Das Dazulernen und Verstehen, das Aufbauen von Wissen rund um die universellen Gesetze. Das alles hilft dir, in anderen Dimensionen bestimmte Zusammenhänge besser zu begreifen und dich dadurch schneller weiterentwickeln zu können.

Die beiden Aspekte *Veränderung* und *Liebe* spielen dabei eine zentrale Rolle.

Die Veränderung

Nichts bleibt, wie es ist. Das Leben ist ein beständiges Formen von neuen Inhalten und Abschnitten. Es ist nicht die Seele des Menschen, sein ICH BIN, das sich laufend verändert. Es ist seine Energie, die immer wieder andere Formen annimmt. Die beständige Veränderung ist ein universelles Gesetz. In jedem kleinsten Bruchteil eurer Zeiteinheit verändert sich das Universum und gestaltet sich dabei neu. Die Energien erscheinen immer wieder in neuen Formen. So bleibt es bis zu deinem Tod. Du wirst zwar sterben und dabei deine menschliche Hülle ablegen, aber deine Seele wird weiter existieren. Es ist nur deine Energie, die sich verändern und eine neue Form annehmen wird.

Auch in unseren Dimensionen wird sich deine Energie laufend verändern. Du kannst dir dies als reine Lichtenergie vorstellen, die je nach Bewusstseinszustand und spirituellem Wachstum unterschiedlich stark leuchtet.

Ohne Veränderungen würdest du in deiner jetzigen Inkarnation an Ort und Stelle treten. Du könntest dich nicht entwickeln. Das einzig wirklich Dauerhafte in deinem Leben ist somit die Veränderung. An der beständigen Neuformung der Wirklichkeit ist jedes Lebewesen auf diesem Erdenplaneten mitverantwortlich. Mit jedem Gedanken, jedem Wort und mit jeder deiner Handlungen werden die Strukturen und Pfade auf diesem Erdenplaneten verändert und neu angelegt. Alles ist mit allem verbunden.

Die Liebe

Wer sich und andere nicht lieben kann, wird wichtige Ziele in diesem Erdenleben nicht erreichen. Nur in der Liebe liegen die Chancen des seelischen Wachstums und der Weiterentwicklung. Viele zurzeit inkarnierte Wesen haben große Angst vor der Liebe, Angst vor zu großer Nähe und Intimität. Angst, wieder einmal enttäuscht, alleine gelassen oder weggestoßen zu werden. Angst, nicht zu genügen, nicht wertvoll genug zu sein. Der Hauptgrund dieser Ängste ist, dass ihr alle so viel zu verbergen habt und auf keinen Fall möchtet, dass andere euch so sehen, wie ihr wirklich seid.

Liebe ist ein fortwährender, oft nicht einfacher Prozess. Liebe bedeutet nicht nur zu empfangen, sondern vor allem auch zu geben, nicht nur zu sprechen, sondern auch zuzuhören, nicht nur zu fordern, sondern sich auch zurückzuhalten. Dazu sind viele von euch nicht mehr bereit. Der Egoismus vieler Erdenwesen ist immer größer geworden. Es scheint so, als ob niemand den anderen mehr wirklich brauchen würde. Der Mensch ist zu einem kurzfristig austauschbaren Objekt geworden. Jemanden zu lieben, hat aber etwas mit Kontinuität und Hingabe zu tun. Es gilt, neben Einfühlsamkeit und Rücksichtnahme vor allem gegenseitiges Vertrauen aufzubauen und zu entwickeln. Vertrauen bedeutet, auch ganz persönliche, intime Dinge aus seinem Leben mit jemand anderem zu teilen. Der Vertrauensaufbau benötigt viel Zeit und Energie.

Für jeden Erdenmenschen können zum Thema ›Konzentration auf das Wesentliche‹ noch weitere individuelle, für seine persönliche Entwicklung wichtige und entscheidende Punkte dazukommen.

Als Basis für den Aufbau zur Erreichung eurer Lebensziele möchte ich euch gerne folgende Botschaft mitgeben: Entschleunigt euer Leben, damit dabei der Blick auf das Wesentliche frei wird.«

**Man kann das Leben nur rückwärts verstehen,
aber man muss es vorwärts leben.**

Only when looking back you can understand life
but you have to live by looking into the future.

– Sören Kierkegaard –

Eiserner Wille und **Durchhaltevermögen**

»In der jetzigen Entwicklung des Erdenplaneten seid ihr an einem Punkt angelangt, an dem ihr sehr viel mehr wisst als in den vergangenen Jahrhunderten und an dem ihr die technische Entwicklung in eure Beobachtungen zum Verständnis der universellen Gesetze mit einbeziehen könnt.

Durch das von euch aber nicht mehr kontrollierbare Zeit-Management, das sich immer schneller drehende Rad der Entwicklung und das Nicht-mehr-mithalten-Können des Körpers, haben viele Erdenmenschen kaum mehr Durchhaltevermögen oder geben sich auf. Obwohl sich so viele Wesen so viele Dinge für diese Inkarnation vorgenommen haben, lassen sie sich jetzt einfach treiben und gehen unter in der Flut von Millionen von Botschaften und Veränderungen des Alltags. Viele leben so jahrelang vor sich hin, stumpfen dabei immer mehr ab und werden mit der Zeit sogar krank.

Eine sehr typische Krankheit, die als Nebenprodukt dieser Symptomatik auftreten kann, bezeichnet ihr mit dem Begriff ›Krebs‹.

Die Krankheit Krebs spiegelt das kollektive Verhalten der Erdenwesen wider, das, um überleben zu können, nur noch den Egoismus und den eigenen Vorteil zum Mittelpunkt hat. Dabei wird völlig außer Acht gelassen, dass ihr mit allem untrennbar verbunden seid und alles, was im Universum geschieht, auch euch selbst betrifft.

Die Ursachen der Krebskrankheit liegen meist in nicht gelösten Problemen der Vergangenheit, oft sogar ausgelöst durch noch nicht verarbeitete Erlebnisse in früheren Inkarnationen. Durch von anderen (oder von sich selbst) zugefügtes Leid und erlittenes Unrecht entstehen Wut und Angst und letztlich eine grenzenlose Frustration. Diese Frustration sammelt sich in deinem Körper, in deinen Zellen. Mit der Zeit kann dies dein Körper und deine Seele nicht mehr verarbeiten, und am schwächsten Punkt des Körpers beginnen die Zellen sich zu verändern. Sie werden krank und geben diese Merkmale in Windeseile an die umliegenden Zellen weiter. Der Krebs breitet sich so oft in kurzer Zeit rasend schnell aus.

Das Organ oder die Körperstelle, wo der Krebs auftritt, hängt unmittelbar mit der Ursache der entstehenden Krankheit zusammen. So macht es einen großen Unterschied, ob ein Erdenwesen zum Beispiel Brustkrebs oder Darmkrebs hat. Beide Körperregionen weisen auf eine unterschiedliche Entstehung der kranken Zellen hin. Es macht also Sinn, sich bei einer Behandlung darüber klar zu werden, was einem diese Erkenntnis sagen möchte.

Krebszellen entstehen praktisch immer aus einem oft jahrelang verdrängten Kummer oder jahrelangem negativen Denken. Aber auch die ängstlichen Gedanken an eine Krankheit spielen dabei eine große Rolle. Aus Verdrängung entsteht Frustration, und aus Frustration entsteht die Krankheit.

Für keine andere Krankheit wird auf eurem Erdenplaneten so viel geforscht und investiert wie für Krebs. Dabei macht ihr aber einen entscheidenden Fehler. Solange die Ärzte und Wissenschaftler nur den Körper in ihre Forschung einbeziehen, wird sich kein wesentlicher Durchbruch ergeben. Es ist von entscheidender Bedeutung, dass bei einer Krankheit immer auch die seelischen Komponenten mit einbezogen werden müssen. Alles Erlebte wird im Unterbewusstsein gespeichert. Unerledigte Sachen melden sich aber nach einer gewissen Zeit oder durch bestimmte Vorfälle wieder. Sie machen sich in den Körperregionen oder Organen bemerkbar, die etwas mit den Frustrationen zu tun haben oder die in eurem Körper einfach schwächer sind. So beginnt eine Krankheit. Wenn ihr die Krankheit Krebs besiegen möchtet, müsst ihr immer auch sehr stark an euch selbst, an euren unerledigten Dingen arbeiten und euch mit eurer Seele und eurem Unterbewusstsein in Verbindung setzen. Wie oben, so unten, wie innen, so außen.[*]

Der Krebs zeigt seinen Beginn, seine Wirkung meist an der Oberfläche des Organs und breitet sich dann nach innen aus. Um diese Verbreitung aufzuhalten oder zu stoppen, werden bei euch Chemotherapien eingesetzt. Diese chemischen Giftverabreichungen mögen einen wesentlichen Anteil bei der Genesung ausmachen und im Moment noch für viele Krebspatienten unumgänglich sein. Eine Heilung durch die Kontaktaufnahme mit seinem Inneren ICH und mit unseren Dimensionen, verbunden mit der Auflösung nicht verarbeiteter seelischer Blockaden, werden die Heilung aber immer auf wunderbare Art und Weise unterstützen. Eine Wieder-

---

[*]   Hinweis des Autors: Das Gesetz der Anziehung ist das mächtigste Gesetz im Universum. »Wie oben, so unten, wie innen, so außen.« Dieses Prinzip der Analogie wurde auf der Tabula Smaragdina (Smaragdtafel), ca. 3000 vor Chr., festgehalten.

herstellung vollkommener Gesundheit kann mittels Einbezug der erwähnten Elemente in bestimmten Fällen sogar ohne Chemotherapie möglich sein. Der Mensch ist nicht nur sein Körper. Der Körper ist eng mit der Seele und unserem Denken (Geist) verbunden. Deshalb darf bei einer schweren Krankheit wie Krebs nicht nur der Körper betrachtet und in die Heilung einbezogen werden.

Bei Krankheiten und anderen schwerwiegenden Lebensumständen braucht es von deiner Seite her immer ein großes Vertrauen in unsere Dimensionen und in dich selbst. Dazu gehört ein eiserner Wille und großes Durchhaltevermögen. Das alles musst du dir immer vor Augen halten, wenn eine schwere Prüfung bei dir ansteht und du meinst, dass das Leben es im Moment nicht so gut mir dir meint. Dann weißt und kennst du die Antwort. Alles, was dir widerfährt, hast du dir in der Vergangenheit selber erschaffen. Somit ist aber auch gewährleistet, dass du das Erschaffene mit der Umstellung deiner Gedanken, mit einer neu programmierten Einstellung, wieder verändern kannst.«

Die Zeit existiert nur **auf der Erde**

Zeit ist das, was man an der Uhr abliest.

– Albert Einstein –

»Du hast lernen und verstehen müssen, dass du und ich eine andere Vorstellung von Zeit haben. Die lineare Zeit, wie ihr sie auf dem Erdenplaneten kennt, gibt es bei uns nicht. Es existiert hier in unseren Dimensionen weder eine Vergangenheit noch eine Zukunft. Alles passiert im JETZT, in der ICH BIN GEGENWART.

Sehr viele Menschen können Ereignisse nur mit einer zeitlichen Abfolge in Zusammenhang bringen, und die meisten von ihnen wissen mit akribischer Sicherheit, was sich wann und zu welchem Zeitpunkt zugetragen hat. Mit Hilfe der Zeit ordnen sie sich ihr Leben.

Wenn du in unsere Dimensionen zurückgekehrt bist, wird es dir am Anfang einige Mühe bereiten, dass die Zeit nach deinen Vorstellungen gar nicht existiert. Du wirst alles zeitgleich wahrnehmen, was sich in deiner Vergangenheit abgespielt hat und sich in deiner Zukunft noch alles abspielen wird. Du wirst *alles* wissen, um gleichzeitig *alles* verstehen zu können.

Auf deinem Erdenplaneten kennt die Zeit nur eine Richtung. Du kannst sie weder anhalten noch zurückdrehen. Hinter dir lässt du deine Vergangenheit, die dich geprägt hat und die du nicht mehr verändern kannst. Vor dir liegt die Zukunft, die dir Angst macht, aber auch Mut und Hoffnung für dich bereithält, dass nun alles besser werden wird. Die Zeit läuft aber nicht nur in eine Richtung. Das haben inzwischen auch bekannte Erdenmenschen erforscht und nachgewiesen. Die Bewegungsgesetze gelten auf beiden Seiten, also nach vorne und zurück.

Die Zeit macht vielen Erdenmenschen auch Angst, weil sie wissen, dass euch nur eine bestimmte, befristete Dauer zum Leben geschenkt wurde. Je älter ihr werdet, desto schneller scheinen für euch die Jahre zu vergehen. Mit siebzehn hattet ihr noch das Gefühl, für immer jung zu bleiben. Mit siebenundachtzig seid ihr froh und dankbar für jeden einzigen Tag, der euch in einem guten Gesundheitszustand vergönnt bleibt. Je älter man in deiner Dimension wird, desto stärker wird auch das Bewusstsein der Vergänglichkeit, und umso wichtiger ist es zu wissen, dass das Leben mit dem Tod nicht aufhört. Somit braucht ihr euch nicht zu beeilen und Stress aufzubauen in Bezug auf diverse mögliche unwichtige Dinge, die ihr noch erledigen möchtet, bevor ihr zu uns zurückkehrt. Ihr werdet nichts verpassen. Eure Möglichkeiten in einem zeitlosen Universum sind für euch unbegreiflich und unbeschreiblich.

Es ist schön, dass ihr jedes Jahr euren Inkarnationstag (Geburtstag) feiert. Aber messt euer Leben nicht an diesen Zahlen. Es sind nur Zahlen und keine Werte, die etwas über euch, euren Charakter oder eure persönliche Entwicklung aussagen. Lebt also jede Sekunde so, dass das Erlebte euch nicht zurückwirft und ihr am Ende eures Erdenlebens, wenn die Sanduhr dieser Inkarnation für euch abgelaufen ist, sagen könnt: *Ich bereue nichts. Keine einzige Sekunde. Ich würde alles wieder genauso machen!«*

Ein neuer **Mensch** entsteht

**In jedem Einzelteil des Universums ist zugleich
das ganze Universum enthalten.**

– Quantenphysiker und Einstein-Schüler David Bohm –

»Innerhalb der letzten Jahrzehnte eurer Erdenzeit konnte sich
der Erdenmensch rasend schnell entwickeln. Die Zeiten der
großen Unwissenheit, der Unsicherheit und der Abhängigkeit
von elitären Gruppierungen sind für viele von euch vorbei.
Der Mensch erinnert sich wieder an seinen Ursprung, seine
ursprüngliche Bestimmung und an die nie abgebrochene Verbindung mit dem universellen Ganzen.

In der Vergangenheit des Erdenplaneten gab es immer wieder
Menschen, die die göttlichen, universellen Gesetze kannten.
Aus niederen Beweggründen und um ihre Macht über andere
zu behalten, behielten sie diese Erkenntnis aber für sich. Es
wurde höchste Zeit, dass das Wissen um diese universellen
Gesetze wiederentdeckt und euch bewusst gemacht worden
ist.

Ihr sucht schon seit Beginn eurer Entstehung nach eurer wahren Identität. Alle, die über sich selbst nachdenken, sehen sich
früher oder später mit denselben Fragen konfrontiert: Woher
komme ich? Wer bin ich? Wozu bin ich hier? Was wird aus

mir werden? Wo stehe ich als Individuum in dieser Welt? Bin ich für die Entwicklung der Menschheit mitverantwortlich?

In der Vergangenheit des Erdenplaneten gab es praktisch keinen Unterschied zwischen individuellen und kollektiven Interessen. Wenn man so war und sich so benahm wie alle anderen, hatte man nichts zu befürchten. Aus Angst, dafür bestraft zu werden, wenn man anders war als die anderen oder anders dachte und fühlte als sie, habt ihr euch über Jahrhunderte eurer Zeitrechnung angepasst und euch immer einer kleinen Gruppe von führenden Wesen untergeordnet.

Den Teil von euch, den ihr unter dem Begriff ›Seele‹ kennt, habt ihr über eine lange Erdenzeit verkümmern lassen und euch damit immer mehr von der göttlichen Quelle getrennt. Viele haben nur mit dem eigenen ICH gelebt und sogar lange geglaubt, dass sie nur das ICH SELBST, die persönliche Existenz in einem menschlichen Körper sind. In Wahrheit seid ihr aber nur SEELE. Da die Seele also in Wirklichkeit immer über dem ICH oder dem ICH SELBST steht, gab und wird es nie eine wirkliche Trennung vom Universum geben. Indem ihr nun beginnt, euch mittels eurer Seele wieder an euren Ursprung zurückzuerinnern, werden euch viele Türen in neue Welten geöffnet, in die ihr mit großer Neugier und Dankbarkeit einzutreten beginnt.

Du weißt, dass ich dir keine wissenschaftlich fundierten Fakten liefern möchte, sondern die Einfachheit einer verständlichen Sprache in unseren Gesprächen bevorzuge. Es bedarf gar keiner wissenschaftlichen Ausführungen, um zu begreifen, dass es im Universum noch viel mehr gibt, als dein Verstand im Moment aufnehmen und verarbeiten kann.

Wenn wir aber die Begriffe ICH SELBST und SEELE in unseren Gesprächen verwenden, möchte ich diese noch einmal aus der Sicht unserer Dimensionen erklären.

Das ICH SELBST, dein Körper, deine Persönlichkeit, ist immer an deine persönlichen Erfahrungen geknüpft und deiner aktuellen Umweltsituation angepasst. Es ist also kein unveränderbarer Zustand, sondern zeigt immer eine Momentaufnahme. Das Selbst entwickelt sich und verändert sich immer wieder neu. Dein Körper ist reine Energie, wie alles andere im Universum auch. Diese Energie ist dauernder Veränderung unterworfen. So bist du heute nicht mehr der Mensch, der du vor einem Jahr eurer Zeitrechnung gewesen bist. Alle deine Körperzellen regenerieren und verändern sich innerhalb von etwa elf Monaten komplett. Du bist also, so gesehen, nach einer bestimmten Zeit eures Zeitverständnisses immer wieder ein ›neuer Mensch‹, eine neues ICH SELBST.

Deine Seele bleibt aber eine Konstante. Sie war und wird immer sein. Sie verändert lediglich ihre Energie, ihre Energieform.

Alles, was du in jeder Sekunde deines Lebens denkst, sprichst und fühlst, hat immer einen Bezug, einen Zusammenhang zu den Inhalten von anderen denkenden, sprechenden und fühlenden Wesen, mit denen du in Kontakt kommst. Deshalb bist du auch für alle deine Gedanken, Worte und Handlungen selber verantwortlich. Dein ICH SELBST produziert im Austausch mit anderen laufend Ereignisse und Ergebnisse. Mit jedem neuen Ereignis verändert sich das Universum. Deine Seele speichert diese von dir ausgelösten Produktionen ab und ordnet die Inhalte im Rahmen der universellen Gesetze deiner Seelendatenbank zu. So gesehen, ist die Seele dein wahres

ICH, das niemals etwas vergessen wird, immer über alles Bescheid weiß und mit allem im Universum auf ewig verbunden ist.

Der neue Mensch konzentriert sich also wieder vermehrt auf die Entwicklung seiner Seele, auf Dinge, die er bei seinem Tod in die neue Energieform mitnehmen kann. Die Seele zeigt uns, dass das weder Geld, Macht noch irgendwelche materiellen Dinge sind. Die Kontaktaufnahme zu unserer Seele erinnert uns auch wieder daran, dass die Werte Anteilnahme, Rücksichtnahme, Hilfsbereitschaft oder Unterstützung die täglichen Lebensprozesse maßgeblich verändern können. Vor allem aber teilt sie uns mit aller Deutlichkeit mit, dass über allem die Liebe steht. Nur wer sich selbst und andere lieben kann, wird glücklich sein und in dieser Inkarnation die Erfüllung erreichen.

Der neue Mensch entsteht also nicht nur durch eine komplette Umwandlung seiner Zellen, sondern vor allem durch die Wiederentdeckung seiner Seele und der dadurch bewusst gemachten eigenen Individualität.

Du als Mensch bist ein wunderbares Individuum. Durch die bewusste Lenkung deiner im ICH SELBST gesteuerten Handlungen, Gedanken und Emotionen kannst du deinen Entwicklungsprozess stark beschleunigen. Durch die Beschleunigung der Entwicklung des Individuums wird sich auch die Entwicklung des ganzen Erdenplaneten beschleunigen. Darauf warten wir alle hier in unseren Dimensionen und unterstützen euch so gut wir es vermögen.«

So viele Menschen um uns herum.
Aber so wenige, denen man sein Herz öffnen kann.

There are so many human beings with us.
But there are only few you can open your heart to.

– anonymous –

Kapitel 6

Die Liebe

Allein unter **Millionen**

»Wenn du mich fragst, was die wichtigste Sache in deinem Erdenleben ist, dann ist meine Antwort – *die Liebe*. Die Liebe steht über allen Dingen. Nur wer sich selbst und andere aus ganzem Herzen lieben kann, wird seine Lebensziele vollumfänglich erreichen können. Nur wer sich selbst liebt, kann Liebe auch weitergeben. Du kannst nichts verschenken, das du selber nicht hast.

Die Liebe ist ein Begriff, unter dem ihr alle etwas anderes versteht. Sie hat immer etwas mit Gefühlen zu tun und beeinflusst deine Handlungen. Liebe steht in engem Zusammenhang mit Wertschätzung und einer starken persönlichen Zuneigung. Liebe existiert aber nicht nur zwischen zwei menschlichen Wesen. Liebe spiegelt sich in allen Dingen, mit denen du im Alltag zu tun hast. In jedem Sekundenbruchteil deines Erdenlebens ist Liebe allgegenwärtig. Du kannst sie spüren, wenn du dazu bereit bist, und du wirst sie erhalten, wenn du dich ihr öffnest.

Für viele von euch steht der Begriff ›Liebe‹ in engem Zusammenhang mit dem eigenen Egoismus. Viele lieben einen anderen Menschen nur dann, wenn er ihnen seine Wünsche erfüllt – Wünsche nach Anerkennung, Zärtlichkeit, Verständnis und Zuwendung. Geschieht das nicht, kann Liebe sehr schnell ins Gegenteil kippen, und es können Hass und Verachtung daraus entstehen.

Wahre Liebe ist mehr auf das Geben als auf das Nehmen konzentriert. Das ist einer der Hauptursachen, weshalb bei euch so viele Beziehungen bereits nach einer kurzen Zeitspanne scheitern und viele von euch in Beziehungen so unglücklich sind. Das gebende Wesen in der Beziehung wird meist aufgeben, wenn es merkt, dass vom nehmenden Wesen nichts zurückkommt.

Liebe kann also nur in einer Beziehung zu etwas oder zu jemandem entstehen. Nur dich selbst zu lieben, wird dich nicht erfüllen und kann dich nicht vollkommen glücklich machen. Deine Perfektion, deine Vollkommenheit kann dich nur in der Form der Liebe erreichen.

Das Gegenteil von Liebe ist der Hass oder die Gleichgültigkeit gegenüber allen Wesen und Dingen. Diese Gleichgültigkeit ist bei euch Erdenmenschen sehr stark verbreitet. Ihr versucht, ihr mit allen möglichen Mitteln zu entkommen. Aber alle Drogen und weitere Kompensationsmittel werden es nie fertigbringen, dass nicht immer wieder der Wunsch nach Liebe in euch aufkeimt.

Euch muss bewusst sein, dass ihr in jedem Augenblick eures Erdenlebens eine bestimmte Frequenz ausstrahlt. Da das ganze Universum reine Energie ist, zieht diese Frequenz andere ähnliche oder gleiche Frequenzen an. Somit ist es einleuchtend, dass die Dinge, die sich in deinem Leben ereignen, nicht zufällig stattfinden. Du hast sie mit deiner Energie angezogen.

Deine Ausstrahlung auf andere Erdenwesen bezieht sich also auf deine ausgesandte Frequenz. Diese Frequenz entsteht mittels deiner Gedanken, Worte und Emotionen. Durch deine ausgestrahlte Beziehungsfrequenz ziehst du Erdenwesen mit ähnlichen Energieschwingungen und mit ähnlichen Energiefeldern an. Die Beziehungen, die daraus entstehen, sind somit nur das Spiegelbild der Beziehung zu dir selbst.

Durch euer Gefühl, dass ihr von der göttlichen Quelle getrennt seid, erschafft ihr laufend negative Frequenzen, die, einmal ausgesandt, mit voller Wucht wieder zu euch zurückkehren. Die Wahrheit ist, dass du zu keinem Zeitpunkt je von der göttlichen Quelle getrennt warst und deshalb reine Liebe geblieben bist. Denkst und fühlst du in deinem Inneren negativ, ziehst du auch andere Erdenwesen mit demselben Grundmuster an. Deine Bestimmung ist es nicht, an der Liebe zu zweifeln oder sie dein ganzes Leben lang zu vermissen. Du hast ein Anrecht darauf, zu lieben und geliebt zu werden. Du bist bereits LIEBE. Sei dir dessen immer bewusst. Vor allem wenn du dich auf den Weg machst, deine Liebe mit anderen Erdenwesen zu teilen. Willst du in deiner Außenwelt etwas verändern, musst du immer in deinem Inneren beginnen.

Bei euch gibt es immer mehr junge Menschen, die nicht mehr fähig sind zu lieben, weil sie als Kinder nicht geliebt worden sind. Mit Liebe der Eltern meine ich nicht nur die fehlende emotionale Zuwendung. Zu einer gesunden Eltern-Kind-Beziehung gehört auch die Zeit, den Kindern zuzuhören, sie als eigenständige Persönlichkeiten ernst zu nehmen und sie in ihrer Entwicklung zu unterstützen. Für ein Kind, dem ein Elternteil fehlt, ist es noch viel schwieriger, sich mit emotionalen Verlusten abzufinden. Sensible Erdenwesen, die als Kinder nie Liebe von einem Elternteil erhalten oder gespürt haben, sind als Erwachsene kaum fähig, Liebe anzunehmen oder jemandem Liebe zu schenken. Dies geht so lange, bis wir ihnen einen Menschen in ihr Leben schicken, der diese Lücke mit viel Geduld wieder schließen kann. Diese Wesen fühlen sich dann wie befreit. Sie spüren das erste Mal wirkliche Liebe und Zuneigung und können diese mit der Zeit auch zurückgeben.

Noch nie zuvor wollten auf eurem Erdenplaneten so viele Wesen inkarnieren, und noch niemals fühlten sich so viele Menschen unter Millionen anderer Menschen so alleine. Die Einsamkeit vieler Erdenmenschen ist erdrückend und bereitet uns in unseren Dimensionen große Sorgen. Diese Wesen leben unter euch und haben gelernt, ihre Sehnsucht nach Zuneigung und Hilfsbereitschaft sehr gekonnt zu verstecken. Im normalen Alltag fallen sie meist gar nicht auf. Sie funktionieren perfekt, erledigen ihre Arbeiten gewissenhaft und werden meist für ihre beruflichen Tätigkeiten geschätzt. Am Abend kehren sie in ihre Wohnungen zurück, wo sie als einzige Kontaktgelegenheit die Möglichkeit haben, in eine virtuelle Welt einzutauchen, um dort nach Ersatzzuwendungen und Ersatzfreunden zu suchen. Noch viel schlimmer für diese Menschen sind die Wochenenden und die Ferien.

Je größer die innere Zurückgezogenheit, desto schwieriger ist es für alleinstehende Menschen aus dieser Isolation wieder herauszufinden. Die oft selbst erschaffene Einsamkeit steht häufig auch im Zusammenhang mit den fehlenden finanziellen Mitteln. Erdenwesen mit einem geringen Einkommen können es sich schlicht und einfach nicht leisten, abends oder an den

Wochenenden auszugehen, um sich so irgendwelche Freundschaften oder Beziehungen aufbauen zu können. Dazu kommt noch, dass viele der heute auf dem Erdenplaneten lebenden Menschen in ihrer Vergangenheit mit schlimmen Enttäuschungen in zwischenmenschlichen Kontakten konfrontiert worden sind, die dazu beitrugen, dass sie sich immer mehr und mehr zurückgezogen haben.

Diese Isolation, unter der mehr Erdenwesen leiden als du dir vorstellen kannst, macht es vielen Menschen unmöglich, wieder an Glück, an neue Beziehungen oder gar an Liebe zu glauben. Je länger die Isolation dieser Wesen anhält, desto schwieriger wird es, diese Blockaden wieder abzubauen und wieder daran zu glauben, dass jeder Erdenmensch ein Anrecht auf Glück, Wertschätzung, Zuneigung und Liebe hat.

Wenn du in deiner Familie, unter deinen Bekannten, Freunden oder Nachbarn jemanden kennst, der seine Abende und Wochenenden vollkommen isoliert verbringt und sich immer mehr aus dem Leben zurückzieht, ist es angebracht, sich um diese Wesen zu kümmern. Es braucht oft sehr wenig, jemanden wieder am Leben der Gemeinschaft teilhaben zu lassen. Mit deinem Verständnis und deiner Zuwendung kannst du in diesem Bereich viel erreichen. Alles, was du für einsame und isolierte Menschen in deinem Umfeld unternimmst, wird dir in deinem Leben in positiver Form zurückgeschenkt werden.

Zum Alleinsein möchte ich aber noch einen wichtigen Bestandteil anfügen. Jedes Erdenwesen muss sich ab und zu der Aufgabe stellen, alleine zu sein und nur mit sich selbst umgehen zu müssen. Wenn du dir dein Leben mitten unter all deinen anderen inkarnierten Wesen anschauen könntest, würdest du mit Erstaunen feststellen, dass du eigentlich dein ganzes Erdendasein mit dir »alleine« verbringst. Das heißt, dass jedes Menschenleben eine in sich geschlossene Form darstellt. Niemand kennt dich und deine Probleme, Sorgen und Wünsche besser als du selbst. Du bist es, der sich ganz bestimmten Herausforderungen hier auf diesem Planeten stellen muss. Du bist es, der anfallende Sorgen, Kummer, Schmerzen und Leid ertragen muss. So gesehen, lebst du dein Erdenleben für dich alleine, obwohl du die ganze Zeit unter Tausenden von anderen Menschen lebst. Ab und zu gibt es Momente und Situationen, in denen du dieses Alleinsein, das ›nur auf sich selbst gestellt sein‹, sehr stark wahrnehmen kannst. Sei dir in solchen Momenten bewusst, dass das nur deine Wahrnehmung ist. Es scheint so, als ob du alleine gelassen und auf dich selbst gestellt bist. In Wahrheit bist du immer mit uns, mit der göttlichen Quelle, verbunden. Du wirst also auch in deiner allergrößten Verzweiflung niemals alleine sein. Wir sind immer für dich da. Wir haben dich hierher auf diesen Erdenplaneten gebracht, und wir sind auch wieder bei dir, wenn du zu uns zurückkommst. Es ist wunderbar, wenn du während deiner Inkarnationszeit Wesen um dich hast, die dich beschützen, sich um dich sorgen und dich lieben. Aber noch viel wichtiger ist, dass du weißt, dass wir dich aus unseren Dimensionen niemals, in keiner einzigen Situation, in deinem Erdenleben alleine lassen. Sei dir immer bewusst, dass du *niemals* alleine sein wirst, weil dich das Universum immer unterstützen wird und du in einer ausweglosen Situation nur die Bereitschaft und den tiefen Wunsch verspüren musst, etwas an deiner jetzigen Lebensform zu verändern.

Das Alleinsein ist nie einfach. Sobald du alleine bist, wirst du mit dem konfrontiert, was du warst, was du bist und in Zukunft vielleicht sein könntest. Diese Gedanken sind oft nicht einfach und können unter Umständen auch Ängste auslösen, allem, was dich belastet, nicht mehr gewachsen zu sein.

Mit dem vollständigen Alleinsein habe ich die ungesunde, nicht selbst gewollte Isolation von Hunderttausenden von Menschen angesprochen. Ein zeitweiliges sich Zurückziehen kannst du als Erdenmensch aber auch lernen zu genießen. Es ist sogar so, dass du solche Lebensphasen für die Erreichung deiner Lebensziele immer wieder brauchst. Du wirst dich nie schneller weiterentwickeln, als wenn du ab und zu für eine kürzere oder längere Zeitspanne auf dich selbst gestellt bleibst. In solchen Momenten kannst du alle deine Gedanken und Handlungen nur auf dich und deine persönliche Situation fokussieren und entdeckst dadurch oft hilfreiche Lösungen für einige deiner herausforderndsten Alltagsprobleme.«

Ryan Ellis: Ich erhalte immer wieder Anfragen in Bezug auf Beziehungen. Dabei fällt mir auf, dass einige Menschen es weder wollen noch schaffen, für eine bestimmte Zeit in ihrem Leben alleine zu bleiben. Wir haben eine Gesellschaftsform entwickelt, die einen Menschen nur dann als vollwertig ansieht, wenn er in einer Beziehung zu einem anderen Menschen steht. Wir glauben, dass das die einzige richtige Lebensform ist – was aber nicht stimmt. Ich erhalte von Simon immer wieder Botschaften, dass das Alleinsein sehr wertvoll sein kann. Bei erdrückenden Sorgen und Problemen, schweren Krankheiten oder schmerzhaften Verlusten ist das Alleinsein für eine bestimmte Zeit die beste Form, wieder zu sich selbst zu finden.

»Die zum jetzigen Zeitpunkt bestehende Gleichgültigkeit, Ziellosigkeit und Einsamkeit vieler Erdenmenschen steht in engem Zusammenhang mit der modernen Technik. Durch die immer stärker ausgedehnte virtuelle Vernetzung wollten die Erdenmenschen eigentlich das Gegenteil von dem anstreben, was sie bis heute erreicht haben. Anstatt der gewünschten

Annäherung ist dadurch bei vielen Erdenwesen eine totale Isolation entstanden. Oft haben bei euch die Menschen das Gefühl, nach stundenlangem Austausch mittels elektronischer Geräte überhaupt nicht kommuniziert zu haben. Das Wesentliche, was euch Erdenwesen am meisten beschäftigt und berührt, das, worüber ihr euch am liebsten mit anderen Menschen austauschen würdet, könnt oder wollt ihr im virtuellen Netz nicht preisgeben. Ein ständiges stundenlanges Verweilen in virtuellen Räumen kann zu einer Orientierungslosigkeit führen. Die stundenlange Kommunikation mit ›fremden‹ Menschen mittels elektronischer Hilfsmittel kann zu noch größerer Einsamkeit und Traurigkeit führen. Der Kontakt innerhalb der virtuellen Kommunikation kann niemals den Kontakt einer persönlichen Kommunikation ersetzen. Ihr braucht Freunde, mit denen ihr zusammensitzen könnt, mit denen ihr gemeinsam kocht, Lieder auf der Gitarre spielt, denen ihr in die Augen schauen und damit ihre momentane Stimmung erfassen könnt, Spaziergänge mit einem guten Freund oder gemeinsame Erlebnisse mit der Familie. Trotz modernster Kommunikationstechnologie fühlen sich die meisten von euch einsamer denn je. Ihr seid durch eure hoch entwickelte Technik nicht enger zusammengekommen, sondern habt euch noch weiter voneinander entfernt. Ihr seid gemeinsam einsam geworden.«

**Sei dir immer bewusst,
dass du niemals alleine sein wirst,
weil dich das Universum immer unterstützen wird.**

**In einer ausweglosen Situation
brauchst du nur die Bereitschaft
und den tiefen Wunsch zu verspüren,
etwas an deiner jetzigen Lebensform zu verändern.**

Be always aware of the fact that you are never alone
because you will always be supported by the universe.

If there seems to be no way out,
you only have to be ready and really willing
to change something in your momentary way of life.

– Ryan Ellis –

Die Suche nach der
Dual- oder Zwillingsseele

»Jedes inkarnierte Wesen hat eine Dualseele oder Zwillings-seele. Das ist ein Wesen, das absolut perfekt zu ihm passt. Viele von euch verspüren den tiefen Wunsch, sich mit dieser Dualseele zu verbinden, und glauben dann auch im Hinblick auf einige bestimmte Seelenverbindungen, sie gefunden zu haben.

Es ist sehr schwierig, euch die Komplexität eines möglichen Zusammentreffens zweier Dualseelen verständlich zu machen. Hier, in unseren Dimensionen, waren solche Seelenteile einmal eine Einheit, ein Ganzes, etwas Vollkommenes. Dann hat sich die Einheit gespalten, und es sind daraus zwei Seelenteile entstanden. Tief in eurem Inneren verspürt ihr euer ganzes Erdenleben lang eine tiefe Sehnsucht nach eurer Dualseele und glaubt, ohne sie nicht glücklich werden zu können. Eure ganze Aufmerksamkeit zielt darauf ab, diese Dualseele zu finden, um sich wieder mit ihr zu vereinigen.

Es kann aber viele Inkarnationen lang dauern, bis die beiden Seelenteile wieder zusammenfinden. Bis dahin gilt es, möglichst viele unterschiedliche und herausfordernde Lern – und Entwicklungsprozesse zu durchleben und in den verschiedenen Inkarnationen die eigene weibliche und männliche Polarität zu erkennen, anzunehmen und zu akzeptieren. Ihr seid im

Grunde weder weiblich noch männlich. Diese Aufteilung und Unterscheidung gibt es in unserer Dimension nicht.

Ihr habt das weibliche und männliche Prinzip in euch, das ihr zuerst anerkennen müsst, damit es für euch wirksam werden kann. Niemand von euch ist nur weiblich oder nur männlich. Ihr habt immer beides in euch. Als Mann vielleicht mehr den männlichen und als Frau mehr den weiblichen Anteil. Aber in gewissen Lebenssituationen kann sich der kleinere Anteil des gegensätzlichen Prinzips stark bemerkbar machen.

Ich möchte dir hier mitteilen, dass du in deinen Inkarnationen auch öfters dein Geschlecht wechseln wirst. Du wirst sowohl als Frau als auch als Mann geboren werden und dabei völlig unterschiedliche Erfahrungen sammeln können. Es ist von großer Bedeutung, dass du in deinen Inkarnationen das männliche und das weibliche Prinzip ausleben und erfahren kannst, damit du beide Teile verstehen lernst.

Oft ist es so, dass du über mehrere Inkarnationen hinweg immer wieder mit dem gleichen Geschlecht, also entweder als Mann oder eben als Frau, inkarnierst. Bei einem plötzlichen Wechsel des Geschlechts wirst du in deinem neuen Leben aber immer noch stark mit dem Geschlecht aus deiner letzten Inkarnation konfrontiert werden. Du wirst dich demzufolge nach einigen Inkarnationen als Mann auch im Körper einer Frau immer noch sehr stark mit den männlichen Prinzipien verbunden fühlen. Genauso verhält es sich in umgekehrter Form. Nach mehreren aufeinanderfolgenden Inkarnationen als Frau wirst du dich trotz deines männlichen Körpers noch stark mit der weiblichen Polarität identifizieren und deine weiblichen Anteile stärker auszuleben versuchen.

Wenn du in deiner jetzigen Inkarnation auf deine Dualseele treffen solltest, wirst du das sofort erkennen. Ihr seid euch in jeder Beziehung ähnlich, habt die gleichen Denkstrukturen, Ansichten und Gefühle, und zwischen euch besteht eine unglaublich faszinierende Anziehungskraft, sowohl auf geistiger, seelischer als auch auf körperlicher Basis. Erkennst du dich beim Anblick deines Partners/deiner Partnerin als dein eigenes Spiegelbild, siehst du dich in ihm/ihr vollkommen klar, dann sind das eindeutige Anzeichen dafür, dass deine Dualseele vor dir stehen könnte.

Viele von euch sprechen in gut funktionierenden Beziehungen davon, die Dualseele, die Zwillingsseele gefunden zu haben. Das ist aber in den wenigsten Fällen so. Meist haben sich einfach zwei Menschen gefunden, die sich bereits aus unterschiedlichen Inkarnationen kennen und lieben oder die in unseren Dimensionen der gleichen Seelenfamilie angehören.

Steht deine wirkliche Dualseele vor dir, könnt ihr zusammen alles erreichen. Die Dualseele kann seelisches Leiden und alte Blockaden in dir auflösen, sie kann dir deine Angst vor zu viel Nähe nehmen, dich wieder für die Liebe öffnen und deine Ungleichgewichte wieder in Balance bringen. Die Liebe mit deiner Dualseele beinhaltet unglaubliche Magie und Heilkräfte. Irgendwann werden du und deine Dualseele in unseren Dimensionen wieder zusammen sein – für immer.

Deine Dualseele kann sich nicht nur auf der Ebene einer Liebesbeziehung zeigen, sondern kann sich auch in einer wunderbaren, einzigartigen Freundschaft zwischen zwei Erdenwesen bemerkbar machen. Dualseelen teilen viele Interessen miteinander, wertschätzen und respektieren sich gegenseitig, besitzen das notwendige Taktgefühl und sind im gegenseitigen Umgang miteinander ehrlich und verschwiegen. Oft können tiefe Freundschaften zwischen Dualseelen einen weitaus höheren Stellenwert besitzen als die Verbindung zwischen zwei Liebenden, weil die körperliche Form in der Beziehung nicht im Mittelpunkt steht.

Ihr alle habt viele Seelengefährten, Wesen, mit denen ihr in diesem oder in früheren Leben eine mystische Verbindung aufgebaut oder eine bestimmte Wegstrecke mit ihnen zusammen gegangen seid. Seelengefährten inkarnieren, damit sie sich in bestimmten Lebenssituationen helfen und sich in ihrem gegenseitigen Entwicklungsprozess unterstützen können. Diese Seelengefährten kannst du in einem deiner Geschwister, einem deiner Kinder, deinem Lehrer, deiner Großmutter oder in deinem besten Freund respektive deiner besten Freundin finden. Es sind Menschen, denen du bedingungslos vertrauen und mit denen du dich wunderbar weiterentwickeln kannst.

Verwechsele aber deine Seelengefährten nicht mit deiner Dualseele. Sie ist der Teil von dir, den du beim Alleinsein, an schlechten Tagen oder in herausfordernden Lebenssituationen am allermeisten vermisst. Das Heimweh nach deiner Dualseele kann oft so stark sein, dass es dich innerlich schmerzt. Du und deine Dualseele werden sich aber wiederfinden und vereinen. Das ist das Gesetz des Universums. Wie oben, so unten, wie innen, so außen.«

Falsche **Entscheidung**, falsche **Wahl**

»In jedem Sekundenbruchteil triffst du in deinem Leben eine Wahl. Jede deiner Entscheidungen wirkt sich unmittelbar auf deine Gegenwart und auf deine Zukunft aus und ist somit ausschlaggebend für alles, was du in deinem Leben anziehst. Deshalb überlege dir sehr genau, was du haben möchtest und welche Schritte dafür erforderlich sind.

Solange in deinem Leben alles gut verläuft, stehen wichtige Entscheidungen nicht an erster Stelle bei dir. Der Prozess einer Entscheidungsfindung beginnt immer dann, wenn du dich in einer Situation nicht mehr wohlfühlst. Das kann deine Beziehungs-, Wohn-, Berufs-, oder Arbeitssituation betreffen. Da wir uns über das Thema »*Liebe*« unterhalten, möchte ich mich auf die für euch Erdenwesen anstehenden Entscheidungen und die falsche Wahl in Beziehungssituationen beschränken.«

Ryan Ellis: Viele Menschen sind nicht in der Lage, in belastenden Beziehungssituationen die nötige Gelassenheit, die erforderliche Kraft oder den dafür notwendigen Abstand zur Bezugsperson zu entwickeln. Um sich für eine Änderung der nicht mehr oder nur noch schlecht funktionierenden Beziehung zu entscheiden, wenden sie sich an mich. Simon soll mir mitteilen, welche Schritte sie für eine Verbesserung ihrer persönlichen Situation unternehmen können. Simon darf aber nie den freien Willen eines Menschen untergraben. Das bedeutet, er kann für den Fragesteller viele wichtige Hinweise liefern, aber eine Entscheidung, eine Wahl, muss die hilfesuchende Person immer noch selbst treffen.

»Ob ihr euch in Beziehungen für oder gegen einen Menschen entscheidet, hängt von vielen unterschiedlichen Faktoren ab. In eurer Inkarnationszeit zählen bei vielen Erdenwesen die äußeren Werte mehr als die inneren. Geld, Karriere, Erfolg und Prestige sind für die meisten von euch bedeutend wichtiger als die Charaktereigenschaften. Im Austausch gegen Luxus werden dementsprechend von vielen Erdenwesen ihre inneren Werte verkauft.

Viele machen sich bei der Partnerwahl zu viele Gedanken, andere laufen blindlings drauflos und denken erst dann über ihre Wahl nach, wenn es schon längst zu spät ist. Wie bei allen anderen irdischen Sachen ist auch die Freundschaft, die Beziehung zwischen zwei Menschen etwas Kurzlebiges, Befristetes geworden. Ist die Flamme der Begeisterung füreinander erloschen, sind keine lohnenden Werte mehr da, um für das Fortbestehen einer Partnerschaft zu kämpfen.

Die Liebe ist zu einem Wegwerfprodukt geworden. Gefällt euch jemand nicht mehr, dann habt ihr genügend neue Auswahl. Die Oberflächlichkeit im Feld des Vertrauens und Akzeptierens nimmt von Tag zu Tag mehr zu. Einen oberflächlichen Menschen kannst du in einer Beziehung wenig bis gar nicht einordnen, weil er alles unternimmt, um dich nie in sein Inneres schauen zu lassen.

Oberflächlich wirkende Menschen haben oft Angst davor, ihr Innerstes zu zeigen und sich damit dem Gegenüber zu öffnen.

Sie haben Angst, zurückgewiesen zu werden, wenn sie zu viel von sich preisgeben. Dadurch halten sie alles Wesentliche unter Verschluss, damit man nichts über sie erfahren kann, was nicht in das von ihnen vorgegebene Bild passt. Eine tiefe, echte Beziehung mit so jemandem einzugehen, ist sehr schwierig. Für eine funktionierende Beziehung sind Energie, Zeit und vor allem Gefühle erforderlich. Hier spielt die Erziehung und das Familienleben wieder eine entscheidende Rolle. Hat ein Erdenwesen in seiner Kindheit nie über seine Gefühle sprechen oder diese ausdrücken können, wird das auch in der Erwachsenenwelt sehr schwierig für ihn sein. Das verlangt von einem Partner viel Geduld, Verständnis und Einfühlungsvermögen.

Egoismus und Oberflächlichkeit sind keine Garantie für eine langlebige Partnerschaft, in der das Geben und das Nehmen die Hauptfaktoren sein sollten. Deshalb scheitern bei euch so viele eingegangene Verbindungen, die ihr mit dem Begriff ›Ehe‹ bezeichnet. In einigen Jahren eurer Zeitvorstellung wird die Form der Ehe, in dieser Art, wie sie jetzt besteht, nicht mehr existieren.

Die Wahl deiner Freunde oder deines Partners/deiner Partnerin ist somit entscheidend für deine eigene persönliche Entwicklung. Deine Bezugspersonen sind ein wichtiger Bestandteil deines Lebens und gehören zu deinem eigenen Entwicklungsprozess dazu. Indem du dir die falschen und für dich schädlichen Menschen auswählst, kannst du in deiner Weiterentwicklung sehr weit zurückfallen. Deshalb achte gut auf die Zeichen, die dir das Universum sendet. Du wirst relativ schnell erkennen, wer und was für dich gut ist!«

**Signalisieren Sie in einer Beziehung
Nähe und Verständnis, und sagen Sie einen der wichtigsten
Sätze, die man gesagt bekommen kann:
»Ich höre dir zu.«**

In a relationship you should prove togetherness
and understanding and utter one of the most important
sentences that can be said:

«I'm listening to you.«

– Oprah Winfrey –

Trennung, Vergeben und **Loslassen**

»Jedes Wesen hat das große Bedürfnis, einem anderen Wesen nahe zu sein, Zuneigung zu erhalten und für sein Verhalten Wertschätzung zu spüren.

Viele von euch haben diese Elemente in ihrer Kindheit nicht oder zu wenig erhalten. Deshalb ist es von grundlegender Bedeutung, dass ihr euch diese Nähe, Zuneigung und Wertschätzung in eurem Inneren selber erarbeitet, um sie auch im Äußeren zu erkennen und zu erfahren.

Die Kälte in vielen nicht mehr funktionierenden Beziehungen ist bis in unsere Dimensionen spürbar. Das Fehlen von Nähe und Geborgenheit hinterlässt in Beziehungen schlimme Spuren und Verletzungen. Durch den technischen Kommunikationsersatz fühlt ihr euch in einer Beziehung oft noch mehr ausgeschlossen und alleine. Euer Partner verzichtet auf die Kommunikation und kommuniziert lieber mit fremden Menschen, die er nicht oder nur oberflächlich kennt und vor denen er alles verheimlichen kann. Gibt es keine Kommunikation mehr in einer Partnerschaft oder in einer Beziehung, ist das das Ende. Viele Erdenwesen kommunizieren jahrelang nur noch über ihre Kinder. Diese sind das Ersatzbindeglied zwischen dem Sender und dem Empfänger. Die Kinder überbrücken somit die fehlende Kommunikation der Erwachsenen, aber nur solange sie Kinder bleiben. Später stürzen die Eltern in ein noch tieferes Loch und sprechen kaum mehr miteinander.

Viele Wesen erleben in ihren Beziehungen laufend Kränkungen, Demütigungen oder sogar körperliche Misshandlungen. Aus fehlenden Perspektiven oder weil sie denken, ihren Partner trotz seiner Schwächen zu lieben, unternehmen sie lange Zeit nichts. Erst wenn der seelische Schaden meist schon zu groß ist, wünschen sie sich eine Trennung.

Für viele Erdenwesen erscheint die Trennung der einzige Ausweg. Sie verläuft meist schmerzhaft und hinterlässt neue Wunden und Narben. Bei einer Trennung zeigt sich oft auch der wahre Charakter des jeweiligen Partners. Trotz der Auflösung der Berziehung fühlt ihr euch oft einsam, verlassen und spürt einen großen Trennungsschmerz.

Es ist nicht die Person selber, um die du trauerst und wegen der du dich einsam fühlst. Es sind alle deine persönlichen Erfahrungen und Ereignisse, die du zusammen mit diesem Wesen gemacht hast. So gesehen, ist es eigentlich nicht die Person, um die sich der Trennungsschmerz dreht, sondern es geht um die Zeit, die ihr zusammen verbracht und was ihr dabei alles erlebt habt. Du betrauerst dich im Prinzip selbst, weil du dich von irgendwelchen gemeinsamen Erinnerungen trennen musst, die für dich immer noch wichtig und von Bedeutung sind.

Auch wenn deine Entscheidung für eine Trennung gefallen ist, hast du deine Beziehung noch lange nicht wirklich beendet, ganz im Gegenteil – die Verarbeitung fängt erst dann wirklich an.

Du wirst eine Trennung nie ganz abschließen können, wenn du nicht lernst zu vergeben.

Jeder deiner Gedanken und alle deine Worte werden sich auf dein Wohlbefinden auswirken. Verharrst du in deinem Trennungsschmerz und kannst nicht aufhören, über deine Verletzungen und Enttäuschungen nachzudenken, dann wird sich das früher oder später in deinem Körper mit den unterschiedlichsten Symptomen bemerkbar machen. Mit dem ›Nicht-Verzeihen- Können‹ bestrafst du dich selber. Du bringst dich aus der Ruhe, aus deinem Gleichgewicht, indem du immer daran denkst, wie stark dich der andere verletzt hat. Nur wenn du lernst zu vergeben – auch wenn du lange dafür brauchen solltest – wirst du deinen inneren Frieden wieder zurückerhalten.

Nach der Vergebungsphase musst du bereit sein loszulassen. An etwas Negativem festzuhalten, bedeutet Unzufriedenheit und weitere Belastung. Wenn du nicht loslassen kannst, verharrst du in einer für dich ungesunden Situation, die dir körperlich, seelisch und geistig schadet.

Loszulassen heißt, sich einer neuen Situation anpassen zu können, sich ein neues Umfeld zu schaffen und sich mit neuen Personen, neuen Ideen und neuen Gefühlen anzufreunden. Das Loslassen kann mit körperlichen und seelischen Schmerzen einhergehen, aber du wirst gesund und gestärkt aus all deinen Versuchen herauskommen, wenn du durchhältst. Das bedingt auch, dass du dir immer wieder bewusst machst, dass die Gerechtigkeit, so wie du sie dir in deiner Welt vorstellst, nicht existiert. Die universellen Gesetze sind nicht die gleichen wie eure weltlichen. Du musst dir auch darüber im Klaren sein, dass andere Menschen sich nicht immer so verhalten, wie du es dir wünschst. Loszulassen heißt nicht aufzugeben. Es ist lediglich ein unverzichtbarer Akt des Vergebens und Verzeihens.«

Der Sinn der **Familie**

»Die normale Ausgangsbasis um eine Inkarnation zu beginnen, ist eine Familie, in der Eltern, Großeltern und vielleicht auch Geschwister einen Einfluss auf das inkarnierte Wesen haben. Wie du weißt, sucht sich jede Seele vor ihrer Inkarnation mit uns zusammen seine Erdenfamilie aus. Sie wählt den Platz, an dem sie am meisten Entwicklungspotenzial vorfindet, wo sie sich am schnellsten und besten entwickeln kann.

Oft sind in einer Familie mehrere Personen zusammen, die sich schon aus einem früheren Leben kennen. Es kann aber auch sehr gut sein, dass du in eine Familie hineingeboren wirst, wo es für dich keine Vergangenheit zu bewältigen gibt, du dich aber durch die Charaktereigenschaften deiner Familienmitglieder in die Richtung entwickeln kannst, die du mit uns abgesprochen hast.

Es ist sehr entscheidend, in welche Familie du hineingeboren wirst. Nicht immer bedeutet eine vorteilhafte, vielleicht auch noch wohlhabende und gut situierte Familie Glück und Freude. Genauso wenig wie ein Aufwachsen ohne Eltern sich für dich negativ auswirken muss. Die Familie ist auf deinen Lernprozess auf der Erde zugeschnitten.

Die inkarnierte Seele benötigt die Familie, weil sie aus unseren Dimensionen daran gewöhnt ist, in einer Gemeinschaft zu leben. Die Familie dient der Seele als Erfahrungsfeld. Vielleicht muss mit einem weiteren Familienmitglied etwas bereinigt oder nochmals durchlebt werden. Keine Seele inkarniert ohne Aufgaben, die sie sich in unseren Dimensionen gestellt hat und mit denen sie ihr Karma auflösen kann. In deinem feinstofflichen Körper, den du selber nicht wahrnehmen kannst, sind alle unverarbeiteten Erfahrungen aus sämtlichen Inkarnationen gespeichert. Deine in früheren Leben gemachten Erfahrungen prägen dein jetziges Denken, Handeln und Fühlen. Wenn du das weißt, sollte es dir leichterfallen, Handlungen von anderen mit dir zusammenlebenden Menschen neutraler einzustufen und zu versuchen, sie mit den Erfahrungen aus einem früheren Leben in einen Zusammenhang zu bringen.

Gewisse Verhaltensmerkmale der Menschen in deiner weltlichen Familie haben einen Einfluss auf deine Weiterentwicklung. Meist sind es negative oder zerstörerische Verhaltensweisen, die dich aus der Reserve locken, dich beunruhigen, stressen oder dich sogar zu einer für dich schädlichen Handlung hinreißen lassen. Es kann aber auch das Gegenteil der Fall sein. Durch ein sehr harmonisches Wesen aus deiner Erdenfamilie kannst du viele negative Verhaltensweisen von dir erkennen, an ihnen arbeiten und sie ablegen. Es liegt immer an dir, was du aus der vorgefundenen Struktur machst.

Je nachdem welche Eigenschaften du als menschliches Wesen während einer Inkarnation verkörpern möchtest, spielt deine Wesensart innerhalb der Familie eine bedeutende Rolle. Du kannst tyrannisch, verlogen, gefährlich, aufbrausend, störrisch, hilfsbereit, zuverlässig, gutmütig, kommunikativ und noch vieles mehr sein. Alle deine Eigenschaften werden einen entscheidenden Einfluss auf die Ausübung deiner Handlungen innerhalb deiner Familie haben.

Es geht also innerhalb der Abläufe in einer weltlichen Familie nicht um die reine Blutsverwandtschaft, sondern vor allem um die Erledigung von Aufgaben aus unseren Dimensionen und um die Bereinigung deines persönlichen Lebensplans. Gerade aus dem Umstand heraus, dass sich viele Eltern über ihre Kinder beschweren, indem sie allen mitteilen, wie verschieden ihre Kinder sind, kannst du erkennen, wozu diese Andersartigkeit gut ist. Oft kommen Geschwister aus diesem Grund in einer Familie gar nicht miteinander aus. »Ein familiärer Zusammenhalt« entsteht dann eher mit guten Freunden, die man sich außerhalb der Familie sucht.

Selbstverständlich gibt dir deine weltliche Familie auch einen Rückhalt und Geborgenheit. Wenn irgendetwas in deinem Leben nicht so gut läuft, werden sich wohl die meisten von euch in die Familie zurückziehen – wenn sie als solche einigermaßen gut funktioniert.

Verluste in der eigenen Familie können sehr einschneidend sein, vor allem wenn es sich um einen unerwarteten Todesfall handelt.«

Ryan Ellis: Die einschneidendsten Momente in meinem Leben waren die Konfrontation mit dem Tod meiner Großmutter, als ich knapp fünf Jahre alt war, und später der Tod meines Vaters. Beide Personen waren ein wichtiger Bestandteil unserer Familie, denn wir lebten alle zusammen im gleichen Haus. Allein schon aus diesem Grund fühlten wir uns sehr eng miteinander verbunden. Dabei kommt es beim Tod eines Familienmitgliedes nicht einmal unbedingt auf die Art der

Beziehung zu der verstorbenen Person an. Es ist oft vielmehr die Tatsache, dass jemand aus deinem engsten, vertrauten Familienkreis plötzlich nicht mehr da ist, für dich als Person nicht mehr zur Verfügung steht. Diese schmerzhafte Erfahrung machten wir manchmal, wenn wir vor einer schwierigen Entscheidung standen und unseren Vater gerne um Rat gefragt hätten.

**Wer die Menschen liebt,
hat immer eine große Familie.**

Who loves human beings
has always got a large family.

– Aus China –

Meine wahren **Begleiter**

»Das Wichtigste in deinem Erdenleben ist *die Liebe.* Es ist nur die Liebe, die dich in deiner Entwicklung weiterbringt und die du zusammen mit deinem Wissen in unsere Dimensionen mitnehmen kannst. Die Liebe kann sich aber nur in Beziehungen zu anderen Wesen zeigen und entfalten. Der tägliche Umgang mit den Mitmenschen, mit denen du gewollt oder ungewollt in Kontakt trittst, die Art und Weise, wie du mit ihnen in bestimmten Situationen umgehst, die Erfahrungen, die du mit ihnen zusammen machst und wie sie dich in deiner Entwicklung beeinflussen, fördern oder hemmen, wirkt sich unmittelbar auf dein Leben und dein Karma aus. Deine Erfahrungen in deinem jetzigen Leben sind ein Abbild deiner täglich gelebten Beziehungen zu deinen Mitmenschen und prägen in entscheidender Weise deine Entwicklung und dein Weiterkommen. So gesehen ist es von enormer Bedeutung, wen du dir als deine weltlichen Begleiter, als deine Freunde oder Partner fürs Leben aussuchst.

In der jetzigen Erdenzeit können wir zwei Extreme beobachten. Eine immer größer werdende Anzahl von Menschen besinnt sich wieder mehr auf den Ursprung ihres Daseins zurück. Es ist ihnen wichtig, sich selbst und andere zu lieben, Liebe zu geben und Liebe zu empfangen. Sie wissen, dass sich nur mit der Liebe der Kreis des Kommens und Gehens schließen wird und es mit einer vollkommenen Liebe der Erdenwesen die Inkarnation nicht mehr geben würde. Die Menschen könnten in vollkommenem Einklang mit der göttlichen Quelle leben. Diese Art der Erdenwesen achtet darauf, wie sie ihre Mitmenschen im Alltag behandelt, und versucht immer wieder, möglichst viele positive Alltagssituationen zu erschaffen und negative Ereignisse in positive umzuwandeln.

Leider verharren aber auf eurem Erdenplaneten noch Millionen von Menschen in einer Art Stagnation. Sie sind nicht fähig, zu lieben oder Liebe anzunehmen. Dadurch breitet sich ein Meer von Einsamkeit aus. Trotz der technischen Möglichkeiten, mit denen ihr große Distanzen verkürzen konntet und die Möglichkeit geschaffen habt, euer Netzwerk an Beziehungen beliebig auszubauen, fühlt sich ein Großteil der Erdenwesen allein. Diese Einsamkeit lässt sich verbinden mit dem Gefühl des ›Nicht-Geliebtwerdens‹. Sehr viele Menschen leben völlig isoliert und verbringen Tage ohne jegliche soziale Kontakte. Dies ist für ein Erdenwesen auf keinen Fall förderlich und kann seine Entwicklung stark beeinträchtigen.

Wenn du dich als Erdenmensch aus deiner Umgebung und den darin lebenden Bezugspersonen zurückziehst, wirst du aber nicht nur mit der Einsamkeit konfrontiert, sondern dir fehlt auch ein Gegenüber, mit dem du deine Erfahrungen teilen und dich dadurch entwickeln kannst. Nur mit anderen Wesen zusammen wirst du deine Lebensaufgabe bewältigen können. Sie sind ein wesentlicher Bestandteil auf deinem Weg zurück zur göttlichen Quelle.

Darum möchte ich euch aus unseren Dimensionen bitten, sich alleinstehender und einsamer Menschen anzunehmen, sofern sie das zulassen und möchten. Es wird oft mehrerer Anläufe bedürfen, bis sich ein Erfolg einstellt. Hört ihnen zu, lasst sie über ihr Leben erzählen, über ihre Sorgen und Ängste sprechen. Versucht, eine Beziehung zu diesen Wesen aufzubauen, und wenn ihr ihnen Liebe schenkt, wird diese auch wieder tausendfach zu euch zurückkommen.

Wie schon erwähnt, entwickeln Großeltern oft ein ausgeprägtes Verständnis und eine spezielle Liebe für ihre Enkelkinder. Hier könnten sich wunderbare Beziehungen zwischen der jungen und der älteren Generation anbahnen. Viele Jugendliche zeigen aber kein Interesse, etwas von ihrer Zeit mit älteren Menschen zu verbringen. Dabei könnten sie so viel lernen und von dieser Zeit des Zusammenseins viel mitnehmen für ihr eigenes Alter, wenn die Einsamkeit auch für sie einmal zum Thema werden wird.«

Ryan Ellis: Mir fällt oft auf, wie schnell es älteren Menschen seelisch und körperlich wieder besser geht, wenn man sich liebevoll um sie kümmert, etwas mit ihnen unternimmt und sie ins eigene Leben miteinbezieht. Es ist oft der Fall, dass sie sich fitter und lebendiger fühlen, je mehr sie in normale Alltagssituationen integriert werden. Durch diesen Einbezug in unseren Lebensprozess haben sie gar keine Zeit, über irgendwelche Krankheiten, Probleme oder Zukunftsängste nachzudenken.

In meiner Familie sind drei Generationen eng miteinander verbunden und unternehmen viele Sachen gemeinsam. Dabei verhält sich das älteste Familienmitglied oft genau so offen und unbeschwert wie das jüngste. Dies zeigt, dass nicht das Alter uns vorschreibt, was wir tun oder eben nicht mehr tun sollten. Es sind wir selbst, die uns eine kindliche Unbeschwertheit bis ins hohe Alter erhalten können.

»Es gibt einsame Wesen in jeder Altersgruppe. Schon in der Kindheit fühlen sich viele nicht aufgehoben, nicht geliebt, ausgestoßen oder gedemütigt. Die Einsamkeit kann in jeder Lebensphase auftreten. Meistens spürt ihr sie dann am intensivsten, wenn ihr an einem Tiefpunkt angekommen seid und niemanden habt, der euch wieder heraushilft. Die Einsamkeit hängt nicht davon ab, mit wie vielen Freunden ihr in Kontakt steht. Wer sich einsam fühlt, vermisst das Gefühl, von anderen Erdenwesen beachtet, gebraucht und geliebt zu werden. Du kannst also von vielen Menschen umgeben sein und dich doch völlig einsam fühlen.

Wir beobachten bei euch zwei Formen der Einsamkeit. Die Einsamkeit, sich nicht integriert zu fühlen, sozial nicht dazuzugehören, und die Einsamkeit, keine Wesen um sich zu haben, mit denen man seine Ängste und Sorgen besprechen und denen man voll und ganz vertrauen kann. Zudem besteht ein großer Unterschied zwischen der Einsamkeit und dem Alleinsein. Das Alleinsein wird oft freiwillig gewählt und kann für bestimmte Erdenwesen für eine gewisse Zeitspanne befreiend und wertvoll sein.

Allen Erdenwesen, die sich im unendlichen Meer der Einsamkeit ungeschützt und verloren fühlen, möchte ich mitteilen, dass in Wahrheit niemand von euch jemals wirklich alleine ist. Eure wahren Begleiter sind eure Schutzengel und eure Seelenfamilie hier in unseren Dimensionen. Ihr könnt euch absolut darauf verlassen, dass sie euch niemals, auch in keiner noch so schwierigen Situation, jemals alleine lassen werden.

Wenn ihr verzweifelt seid und glaubt, niemanden mehr an eurer Seite zu haben, dann vertraut euch eurem Schutzengel oder anderen Engelwesen an. Ihr braucht nur um ihre Hilfe zu bitten. Sie wird euch nie verweigert werden. Vielleicht tritt die Antwort auf eure Fragen, euer Problem nicht genau so ein, wie ihr sie euch vorgestellt habt – das Universum geht dabei oft eigene Wege – aber euch wird geholfen werden. Ihr tut gut daran, an die Wesen aus unseren Dimensionen zu glauben und ihnen zu vertrauen, denn sie sind nicht nur in dieser Inkarnation eure *wahren Begleiter.* Sie begleiten euch bis ans Ende eures oft mühsamen und herausfordernden Weges zurück zu eurem Ursprung, zur göttlichen Quelle.«

Panta rhei. – Alles fließt.

Panta rhei.–Everything is flowing.

– Heraklit –

Kapitel 7

Die Vergänglichkeit und was erhalten bleibt

Angst vor **dem Alter**

»Je älter du wirst, desto mehr siehst und spürst du deine eigene Vergänglichkeit. Du lernst zu akzeptieren, dass nichts so bleibt, wie es ist. Dabei verändert sich nicht nur dein Körper, sondern teilweise auch deine Einstellung und deine Lebensphilosophie. Durch die bereits gemachten Erfahrungen in der aktuellen Inkarnation kannst du viele Dinge gelassener betrachten und ruhiger angehen. Du hast gelernt, dir selbst zu vertrauen, und weißt, was du kannst.

Das größte Geschenk des Älterwerdens ist jedoch der Umstand, dass dir viel mehr *Zeit* zur Verfügung gestellt wird. Du stehst jetzt nicht mehr unter Druck von allen Seiten und kannst dich den Dingen widmen, die dir wichtig sind. Es interessiert dich kaum mehr, was andere über dich denken und erzählen. Du bist losgelöst von vielen Etikettierungen, Sachzwängen und Personen, die sich an dir festgeklammert haben, weil sie dich im

Berufs- und Alltagsleben zu ihrer Unterstützung gebraucht oder sogar manchmal auch missbraucht haben.

Wir würden uns in unseren Dimensionen wünschen, dass immer mehr Menschen auf eurem Erdenplaneten im Alter ihre Jugendlichkeit nicht einfach aufgeben, nur weil sie eine bestimmte Anzahl von Jahren erreicht haben. Es sind bloße Klischees, was ein Wesen mit dreißig, vierzig oder neunzig Jahren noch tun darf oder nicht. Unterordnet ihr euch diesen weltlichen Vorstellungen, dann wird das Leben unweigerlich an euch vorbeiziehen. Tief in euren Herzen bleibt ihr immer jugendlich und solltet euch deshalb nicht schämen, auch im Alter weiterhin viele Dinge zu tun, die euch Spaß und Freude bereiten, auch wenn die Menschen in eurer unmittelbaren Umgebung das nicht immer nachvollziehen können.

Auf eurem Erdenplaneten wird immer noch viel zu wenig für ältere Menschen getan. Oft werden sie so früh wie möglich in ein Altersheim eingewiesen, unter dem Vorwand, ihre Grundbedürfnisse könnten dort leichter abgedeckt werden. Egal in welche Institution ein Wesen in fortgeschrittenem Alter von euch freiwillig oder unfreiwillig eingewiesen wird – der soziale Kontakt zu der Erdenfamilie, zu den Bezugspersonen, sollte unbedingt aufrechterhalten bleiben.

Das Alter wird bei vielen von euch als eine Art Bedrohung angesehen. Ihr betrachtet ältere Menschen meist als krank, vergesslich, pflegebedürftig und für euch nicht mehr interessant, sondern nur noch als belastend. Tief in deinem Inneren weißt du, dass ältere Menschen unglaublich viel mehr sind und viel mehr zu bieten haben als die euch angstmachenden Aspekte. Das Alter, die gemachten Erfahrungen und die dadurch gewonnenen Einsichten machen jeden älteren Menschen auf eine ganz eigene Art und Weise zu einem faszinierenden und einzigartigen Wesen. Viele von euch könnten durch regelmäßigen Kontakt zu einer älteren Person in diversen Lebensbereichen dazulernen und sich durch das Geben und Nehmen innerhalb dieser Begegnungen positiv weiterentwickeln. Dazu braucht es von dir aber die Bereitschaft, Zeit aufzubringen und Zuneigung und Liebe für jemanden zu entwickeln, weil auch du dich irgendwann einmal in einer ähnlichen Situation wiederfinden wirst.«

Ryan Ellis: Wenn ich mit einer älteren Person unterwegs bin, muss ich meine Aktivitäten automatisch entschleunigen. Ich gehe dadurch die Sachen ruhiger und gelassener an. So sehe ich viele Dinge im Alltag in einer Art Zeitlupentempo und bemerke oft durch diese zeitliche Verzögerung wunderschöne Sachen, die ich sonst wohl nie oder nicht auf diese Art und Weise wahrgenommen hätte.

Ältere Menschen werden viel schneller müde, was für sie bei der Ausübung ihrer Alltagsaktivitäten außerhalb ihres Wohnbereichs zu einem Problem werden kann. In vielen Städten und größeren Einkaufszentren in der Schweiz gibt es meiner Ansicht nach immer noch zu wenige Sitzmöglichkeiten. Falls sie vorhanden sind, sind sie oft von jungen Menschen belagert, die nicht realisieren, dass sie älteren Menschen einen Platz anbieten könnten.

Ein weiteres Problem sind sämtliche extrem kleingedruckten Angaben auf den unterschiedlichsten Alltagsprodukten und Medikamenten. Dies ist völlig unlogisch, da gerade ältere Menschen auf eine gute Lesbarkeit der angebrachten Informationen angewiesen sind.

Bei vielen Anlässen sitzen ältere Menschen scheinbar unbeteiligt da. Sie scheinen zwar zuzuhören, beteiligen sich aber kaum an den Gesprächen. Es handelt sich dabei selten um ein Desinteresse an den Themen oder Personen, sondern um die Tatsache, dass sie nicht mehr so gut hören.

»Das Erdenwesen sollte nie aufhören, sich für alles zu interessieren, eine gesunde Neugier gegenüber allen Dingen zu entwickeln und zu bewahren. Somit kann jeder einzelne Tag noch bis ins hohe Alter hinein eine positive Herausforderung darstellen und zu einem unvergesslichen Moment werden. Fühlt euch jung und strahlt diese Jugendlichkeit aus. Traut euch alles zu, egal wie alt ihr seid. Das Alter ist nur eine Zahl, die im Zusammenhang mit eurem Leben und eurer Lebenseinstellung keine weitere Bedeutung hat. Ihr müsst keine Angst vor dem Alter haben. Das Alter ist das, was ihr daraus macht. Denkt nicht immer daran, was morgen sein *könnte* und lebt im Fluss des JETZT (Panta rhei – alles fließt). So gesehen, kann der letzte Abschnitt eines Erdenlebens zu einer der schönsten Zeiten eurer Inkarnation werden, egal ob der Körper mithalten kann oder nicht. Es ist euer Geist, euer Denken, mit dem ihr euch auf ein langweiliges, trostloses oder eben spannendes und intensives Abenteuer für eure letzte Inkarnationsperiode einstellt.

Es gibt Erdenwesen, die wegen körperlicher oder geistiger Behinderungen ihr Alter nicht in der gleichen Art und Weise leben können wie andere. Für sie scheint der Ratschlag ›mach das Beste aus jedem Tag‹ vielleicht im ersten Augenblick unpassend zu sein. Oft sind es aber gerade diese Erdenmenschen, die euch durch ihre körperlichen Beschwerden oder durch ihre Andersartigkeit sehr viel beibringen und aufzeigen können. Gerade durch deren schwere körperliche Krankheit

oder Behinderung kann sich euer eigenes Leben sehr berei-
chernd entwickeln. Somit kann auch für behinderte Erdenmenschen das Alter zu einer erfüllenden Zeit werden. Auch
in dieser Hinsicht ist die Einstellung zu allen Dingen – und
vor allem zu sich selbst – das Allerwichtigste. Wie in allen
anderen Lebensbereichen könnt ihr durch euer Denken, Fühlen und Handeln eine vermeintlich schwierige Phase in etwas
Positives verwandeln.

Gib der Angst vor dem Alter kein Gesicht. Stelle dich ihr. Lebe
dein Leben auch im Alter so weiter, wie du es immer gelebt
hast – oder noch besser.«

**Drei Dinge kommen im Leben nicht zurück:
das gesprochene Wort,
der abgeschossene Pfeil und
die versäumte Gelegenheit.**

Three things in life will never come back:
the spoken word,
the fired arrow,
and the neglected opportunity.

– Indian saying –

Zeit des **Bedauerns**

»Viele Erdenmenschen, die nach ihrem Tod in unsere Dimensionen wechseln, bedauern, dass sie nicht den Mut gehabt haben, das Leben zu leben, das sie sich bei uns vorgenommen und mit uns zusammen geplant haben. Wegen anderer Erdenwesen haben sie nie den Mut aufgebracht, ihre eigenen Wünsche und Bedürfnisse durchzusetzen, so dass fremde Erdenmenschen die Entscheidungen für ihr Leben gelebt haben. Diese Feststellung schmerzt die bei uns ankommenden Wesen sehr, und sie bedauern, dass sie ihre Träume und konkreten Vorstellungen während ihrer ganzen Inkarnationszeit nicht umgesetzt haben.

Ein weiteres starkes Phänomen des Bedauerns ist bei vielen Verstorbenen die Tatsache, dass sie als Mensch nie den Mut hatten, Gefühle auszudrücken oder zu ihren Gefühlen zu stehen. Eigene, ganz persönliche und tiefe Gefühle für ein anderes Wesen einzugestehen, erfordert oft viel Mut. Viele Erdenmenschen haben Angst, diese Gefühle zu zeigen, weil sie sich dadurch verletzbar und angreifbar machen. Sie haben Angst vor einer Zurückweisung. Werden aber Gefühle einem anderen Wesen gegenüber nie gezeigt, können sie auch nicht erwidert werden. So wird das Wesen nie erfahren, wie sich sein Erdenleben entwickelt hätte, wenn es den Mut aufgebracht hätte, seine Gefühle mitzuteilen.

Ryan Ellis: Mein Vater hatte keine leichte Kindheit. Als er knapp vierzehn Jahre alt war, starb sein Vater, und er musste in der Familie dessen Rolle übernehmen. Alle seine Geschwister starben sehr jung, zum Teil noch im Kindesalter. Das muss für meinen Vater sehr schwierig gewesen sein, doch er hat mit uns nie darüber gesprochen. Er hatte in seiner Jugend nicht gelernt, seine Gefühle mitzuteilen.

Ich kann mich noch sehr gut daran erinnern, dass ich ihn während meines Studiums oft mit seinem Auto zur Chemotherapie ins relativ weit entfernte Spital gefahren habe. Auf dem ganzen Hin- und Rückweg herrschte zwischen uns jeweils ein bedrückendes Schweigen, das ich damals immer als sehr unangenehm empfunden habe. Weder er noch ich getrauten uns, uns über seine schwere Krankheit zu unterhalten und über unsere damit verbundenen Gefühle zu sprechen.

Obwohl wir alle in der Familie wussten, dass uns unser Vater sehr gern hatte und insgeheim stolz darauf war, wie seine Kinder das Leben meisterten, konnte er uns das nie direkt sagen. Er wusste, dass seine Lebenszeit begrenzt war, aber es war für ihn unmöglich, über seine tiefsten Empfindungen und die Gedanken, die ihn beschäftigten, zu sprechen.

Hätte ich damals mein heutiges Wissen nutzen und bereits zu diesem Zeitpunkt mit Simon kommunizieren können, hätte ich meiner Familie und meinem Vater einen großen Dienst erweisen können. Ich habe einige Jahre nach seinem Tod Kontakt zu ihm aufgenommen. Simon teilte mir mit, wie sehr er es bereute, dass er in seiner Inkarnation mit uns zusammen seine Gefühle nie ausgedrückt und mitgeteilt hatte. Es tat ihm unendlich leid, dass er erst nach seiner Rückkehr in seine Dimensionen begriffen und gelernt hatte, was er bei anderen Menschen und bei sich selbst dadurch ausgelöst hatte. Er hat mir und meiner Familie dann zum ersten Mal mit eigenen Worten mitgeteilt, wie unglaublich wichtig wir alle für ihn gewesen sind und wie gern er seine Familie gehabt hat.

Ich selber bereue heute noch jede einzelne ›stumme‹ Fahrt zur Chemotherapie, in der ich nicht den Mut aufgebracht habe, mit meinem Vater so kurz vor seinem Tod über seine Gefühle und seine Ängste zu sprechen. Obwohl ich das nicht mehr rückgängig machen kann, weiß ich, dass mein Vater das inzwischen verarbeiten konnte und für seine nächste Inkarnation gelernt hat, wie wichtig das Zulassen von Gefühlen in zwischenmenschlichen Beziehungen ist.

»Wenn Erdenmenschen bei uns ankommen, deren Inkarnationszeit noch nicht abgelaufen ist, werden sie wieder zu euch zurückgeschickt. Auf eurem Erdenplaneten sprecht ihr dann von einem ›Nahtod-Erlebnis‹. Ein Wesen, das schon einmal über die Schwelle in unsere Dimension getreten ist und wieder zu euch zurückkehren musste, wird sein Leben nicht mehr gleich fortsetzen wie bisher. Durch sein Nahtod-Erlebnis ist ihm bewusst geworden, dass es nach seinem Tod viele Dinge bereuen wird. Daraus ergeben sich diverse Veränderungen in seinen Verhaltensweisen. Diese Wesen haben eine zweite Chance erhalten. Viele von ihnen leben ihr Leben bewusster und haben die Angst vor dem Tod (nicht vor dem Sterben) verloren. Diese Grenzerfahrung ist für Erdenwesen und zum Teil auch für Ihre Angehörigen sehr wertvoll. Durch die Nahtod-Erfahrung wird das Tabuthema Tod aufgebrochen, und die Beteiligten beginnen sich mit diesem Bereich der Spiritualität auseinanderzusetzen.

Obwohl die Wissenschaftler auf eurem Erdenplaneten glauben, die Nahtod-Erfahrung mit allen möglichen physikalischen und chemischen Erklärungen als rein körperlichen Prozess erklären zu können, tappen sie völlig im Dunkeln. Ihr werdet erst in unseren Dimensionen klar erkennen, was das Ziel einer Nahtod-Erfahrung für euch Erdenmenschen ist. Es genügt aber zu wissen, dass sie bei den betroffenen Personen etwas auslöst und sich dadurch in deren Erdenleben etwas verändert.«

Das Leben ist eine einzige, große Überraschung.
Ich wüsste nicht, warum der Tod
nicht eine noch größere sein sollte.

Life is nothing but a big surprise.
Why should death not be an even bigger one.

– Vladimir Nabokov –

Angst **vor dem Tod**

»Der Tod ist auf eurem Erdenplaneten das Tabuthema Nummer eins. Alle bei euch inkarnierten Wesen wissen, dass ihre Lebenszeit begrenzt ist und sie irgendwann sterben müssen. Aber darüber wird verständlicherweise nicht gerne gesprochen. Es ist ein großes Anliegen der Geistigen Welt, dass sich die Erdenwesen während ihrer Inkarnation immer wieder mit ihrer Vergänglichkeit und mit ihrer Rückkehr zu uns beschäftigen. Wer sich sein ganzes Leben lang nie mit dem Sterben und dem Tod auseinandergesetzt hat, wird sich zu Beginn in unseren Dimensionen orientierungslos fühlen und länger für seine Anpassung und das Verständnis für die geistigen Gesetze des Universums benötigen.

Tief im Inneren hofft, glaubt oder wisst ihr, dass es ein Weiterleben nach dem Tode geben muss. In euch ist bewusst oder unbewusst die tiefe Sehnsucht vorhanden, wieder zu eurer wahren Seelenfamilie zurückzukehren. Aber nicht bei allen ist diese Sehnsucht so stark ausgeprägt, und deshalb verlangen viele von euch Beweise für eine Existenz der Seele. Die Seele als reine Energie spielt die Hauptrolle beim Übergang in unsere Dimensionen. Es ist wichtig, euch bewusst zu werden, dass das, was den Menschen auszeichnet, nicht sein Körper, sondern seine Seele ist. Die Seele ist das Bewusstsein, das es immer schon gegeben hat und immer geben wird. Dieses Bewusstsein ist auch außerhalb des Körpers möglich. Somit ist die Seele ein verbindendes Element zwischen Raum und Zeit: Sie ist unsterblich.

Während ihr euch in einem menschlichen Körper befindet, bleibt ihr wie durch eine Art Nabelschnur mit uns verbunden. Auf dem Erdenplaneten bezeichnet ihr diese Verbindung als ›Silberschnur‹. Beim Tod reißt diese Schnur, und ihr müsst euren Körper auf eurem Erdenplaneten zurücklassen. Weil das Bewusstsein seine Energiefrequenz gewechselt hat, um in unsere Dimensionen eintreten zu können, zerfällt der Körper und wird zur leblosen Hülle.

Wie du inzwischen weißt, dient das Erdenleben einer ständigen Bewusstseinserweiterung mit dem Ziel, irgendwann ein gottähnliches Bewusstsein zu erlangen und damit zum Ursprung, zur göttlichen Quelle, zurückzukehren.

Das Bewusstsein ist also nicht nur ein weltliches, sondern ein universelles Phänomen. Es existiert überall im Universum. Das bedeutet, dass der Tod, wie ihr ihn kennt, gar nicht wirklich existiert, sondern dass das ›Leben‹ nie aufhört und sich euer Bewusstsein immer weiter ausdehnt.

Die Auseinandersetzung mit dem Tod ist für euch deshalb so wichtig, weil die meisten von euch Erdenwesen nur für kurzfristige Ziele leben. Viele befassen sich nie mit der Gesamtübersicht ihrer Inkarnation. Sie konzentrieren sich auf die Einzelszene und bemühen sich zu wenig, das ganze Drehbuch im Auge zu behalten. Euch muss immer bewusst sein, dass ihr die alleinige Verantwortung für euer Erdenleben tragt und euch euer Körper nur für eine begrenzte Zeit zur Verfügung gestellt wird.

Wenn du dich während deines Erdenlebens auf den Tod vorbereitest und dich mit der Endlichkeit dieses Lebens abfinden kannst, wirst du dem Tod ruhiger gegenübertreten können. Es ist sehr wichtig, dir bewusst zu werden, dass deine Todesstunde jederzeit eintreten kann. Was aber nicht bedeutet, dass du dein Leben nicht in vollen Zügen genießen darfst. Mit dem ›immer darauf vorbereitet sein‹ meine ich, dass du keinen Hass in dir wachsen lassen und versuchen solltest, negative Konfrontationen immer möglichst schnell aufzulösen und anderen zu vergeben. Das ist oft das Schwierigste für dich, aber auch das Wichtigste. Wenn du dich in deinem Leben immer in einer Balance von Geben und Nehmen befindest, musst du keine Angst vor dem Tod haben. Alle unerledigten, nicht abgeschlossenen Prozesse sowie Wut und Hass nimmst du bei deinem Tod mit in unsere Dimensionen. Sie werden dir deinen Übergang nicht angenehmer machen, und du wirst diese nicht gelösten Konfliktpunkte bei uns oder in einem deiner nächsten Erdenleben auflösen müssen.

Wir können euch nur immer wieder sagen, dass ihr keine Angst vor dem Tod haben müsst. Ihr alle habt diesen Prozess des Übergangs schon mehrmals durchlaufen. Ihr könnt euch nur nicht mehr daran erinnern. Der Tod ist der Geburt sehr ähnlich. Bei der Geburt wechselt ihr von unseren Dimensionen in eure – und beim Sterben ist es genau umgekehrt. Der Vorgang bei der Geburt ist für viele von euch sogar schwieriger und beschwerlicher als die Abläufe bei eurer Rückkehr nach Hause. Beide Vorgänge sind jedoch mit Abschieds- und Trennungsschmerz verbunden.

Suizid

»Beinahe jeder Erdenmensch kennt in seinem Umfeld jemanden, der sich dafür entschieden hat, sich das Leben zu nehmen. Niemand von euch hat das Recht, darüber zu urteilen,
ob das die richtige oder falsche Entscheidung des Wesens war,
das diesen Erdenplaneten unbedingt wieder verlassen wollte.

Sehr viele Suizidenten überleben einen Suizidversuch und
würden das rückblickend nicht noch einmal versuchen. Ein
Suizidversuch ist immer ein Hilfeschrei. Jemand kommt mit
seiner aktuellen Lebenssituation nicht mehr zurecht und findet von sich aus keine Lösung für das bestehende Problem.
Ein Wesen, das einen Suizidversuch unternimmt, fühlt sich
laufend zwischen den zwei Polen Leben und Tod hin- und hergerissen. In einem schwachen Moment entscheidet es sich für
den Tod, obwohl diese Entscheidung vielleicht eine Stunde
später bereits wieder anders ausgefallen wäre.

Suizidgedanken entstehen in ausweglosen Situationen. Solchen Situationen steht ihr aber während eurer Inkarnation
immer wieder gegenüber. Du weißt, dass es für jedes Problem
eine Lösung gibt. Mithilfe des freien Willens besitzt ihr die
Möglichkeit, jede negativ besetzte Situation wieder in eine
positive zu verwandeln. Nur steht das Wissen um diese Ge-
setzmäßigkeiten des Universums diesen Menschen in ihrer

abgrundtiefen Verzweiflung nicht mehr zur Verfügung. Der Verstand arbeitet bei ihnen nicht mehr rational, und sie werden nur noch von meist negativen Gefühlen sich selbst oder der Umwelt gegenüber gesteuert. Der Ursache dieser selbst konstruierten und mit der Zeit undurchschaubar gewordenen Realität geht immer ein falsches Denken und Handeln voraus, mit denen sich diese Wesen auf einen Weg bringen, den sie immer weniger kontrollieren können. Der allgemeine auf ihnen lastende Druck nimmt zu, und das Resultat ist oft ein Suizid.

Wie sehen wir das in unseren Dimensionen? Der Abbruch eurer Inkarnation auf Grund unüberwindbarer Schwierigkeiten ist in keinem Lebensplan enthalten. Jedes Wesen, das auf diesem Erdenplaneten inkarniert, wünscht sich nur eines – *zu leben*. Im Leben gibt es keinen Zufall. Dazu gehört auch der Tod. Euer Tod wurde mit euch zusammen vor eurer Inkarnation geplant, und es gibt keinen Aufschub, wenn die Zeit dafür da ist.

Erdenmenschen, die sich das Leben nehmen, glauben, dass mit dem bewusst herbeigeführten Ende ihrer Inkarnation alles vorbei ist und ihre Probleme somit gelöst sind. Sie möchten allen Unannehmlichkeiten des Erdenlebens entfliehen, verstehen aber erst in unseren Dimensionen, dass das Leben bei uns weitergeht. So ist es den meisten noch für eine lange Zeitspanne nicht möglich, sich auf den Weg ins Licht zu begeben, und sie verharren in einer Art Zwischenwelt. Da diese Seelen in der Endphase ihrer Erdeninkarnation sehr verwirrt gewesen sind, finden sie sich auch in unseren Dimensionen anfangs nicht zurecht.

Viele von euch begehen einen Suizid, weil sie durch ihre stark belastenden, weltlichen Probleme ein großes Heimweh nach ihrer Familie in der geistigen Welt verspüren. Der Wunsch, seinen Körper wieder zu verlieren, wird dabei immer größer. Der Körper wird somit zum Mittelpunkt bei der unbewussten Erarbeitung eines Lösungsprozesses. Am Ende bleibt den Erdenwesen nichts anderes übrig, als ihn gewaltsam zu zerstören.

Die anstehende Situation, aus denen die Betroffenen geflohen sind, ist mit einem Suizid nicht gelöst. Sie ist lediglich auf eine nächste Inkarnation verschoben worden, in der wieder die genau gleiche Herausforderung anstehen wird und damit vom Erdenwesen wieder eine Entscheidung für oder gegen das Leben verlangt wird. Zusätzlich wird sich das sich selbst und anderen zugefügte Leid im persönlichen Karma niederschlagen und somit bei diesem Wesen nur noch weiteres Leid verursachen.

In einigen kirchlichen Institutionen wird Suizid als etwas sehr Schlimmes betrachtet und durch ihre kirchlichen Vertreter mit einer göttlichen Bestrafung im Jenseits in Verbindung gebracht. Der Ursprung, der göttliche Quell, ist reine Liebe. Es wird kein zu uns zurückkehrendes Wesen bestraft, auch wenn es von sich aus entschieden hat, seinen physischen Körper zu verlassen. Es ist vielmehr das Wesen selbst, das in unseren Dimensionen zur Erkenntnis gelangt, dass es die Möglichkeit gehabt hätte, seine Probleme auf eine andere Art und Weise zu lösen und dadurch die mit uns besprochene Lebensdauer der vergangenen Inkarnation besser hätte nutzen können.

Es gibt Erdenwesen, die sich durch körperliche und seelische Verstrickungen so weit gebracht haben, dass sie alleine nicht mehr lebensfähig sind und die auf Grund der sich dadurch entwickelten Wahnvorstellungen von euch in psychiatrischen Kliniken untergebracht werden. Diese Erdenwesen sind beständig zwischen dem Leben und dem Tod hin und hergerissen. Bei den meisten von ihnen ist ein Suizid nicht ein bewusst von ihnen gesteuerter und ausgelöster Prozess, sondern ein Nebenprodukt ihrer Krankheit. Ihre Loslösung vom Körper ist in diesem Moment bestimmt, und es besteht für sie keine freie Wahl. Diese Wesen brauchen bei uns eine längere Anpassungsphase, werden aber liebevoll von Lichtwesen begleitet und unterstützt.

Ein Suizid wirkt sich auf das ganze Beziehungsnetz des Suizidenten aus. Wenn ihr die Notsituation des Verstorbenen nicht erkannt oder er es vor euch verheimlicht hat, taucht unweigerlich die Frage nach dem ›Warum‹ auf. Diese Frage könnt ihr euch nicht beantworten. Aber auch bei länger vorausgegangenen sichtbaren Prozessen und Ankündigungen stellt ihr euch oft die Frage, was ihr hättet besser oder anders machen können, damit es nicht so weit gekommen wäre. Diese Schuldzuweisungen an sich selbst oder an eure Mitmenschen bringen gar nichts. Ihr seid mit dem Toten in Verbindung gestanden in einer Beziehung als Vater, Mutter, Tochter, Sohn, Mann oder Frau. Diese Beziehung bestand auf Grund eures Lebensplans und war euch vorherbestimmt. Ihr werdet die Zusammenhänge der Lebenskonstellationen zwischen dem Verstorbenen und euch mit der Zeit selber erkennen und einen Sinn darin entdecken können.

Zu diesem ›sternenflüstern‹ möchte ich dich bitten, den Lesern und Leserinnen dieser Zeilen mitzuteilen, dass es sehr wichtig ist, auch in einem Leben voller schmerzhafter und oft beinahe unerträglicher Erfahrungen so weit zu gehen, wie es nur irgendwie für sie möglich ist. Jede Situation, mit der sie in Berührung kommen und die sie mittragen, wird sie und die mit ihnen in Verbindung stehenden Erdenmenschen in ihrer

Seelenentwicklung weiterbringen. Mit jeder ihrer Entscheidungen setzen sie etwas in Bewegung, was sich auf das ganze Universum auswirkt. Bemüht euch, auch in Krisensituationen aus allen Dingen das Beste zu machen, und gebt nicht auf! Alles, was euch im Leben widerfährt, hat einen tieferen Sinn, auch wenn ihr diesen nicht immer sofort erkennen könnt.«

Ryan Ellis: Als ich bereits einige Wochen in New York gelebt hatte, stand das Wochenende vor der Türe. Normalerweise hatte ich immer irgendwelche Pläne, aber an diesem Wochenende hatte ich zu absolut nichts Lust. Ich erinnerte mich daran, dass eine Dozentin meiner Uni mir den Tipp gegeben hatte, an einem Samstagnachmittag einmal das klassische Konzert im Metroplitan Museum zu besuchen. Als ich nach meinem Besuch das Museum verließ, goss es in Strömen. Ich hatte keinen Regenschirm dabei und war schon nach einigen hundert Metern klatschnass. Frierend und übel gelaunt bewegte ich mich Richtung Downtown, meinem Zuhause zu. Plötzlich hielt eine Stretch Limousine neben mir. Eine junge, hübsche Frau mit kurzgeschnittenem Haar bot mir an, mich mitzunehmen und nach Hause zu fahren. Auf dem Nachhauseweg gab sie mir ihre Karte und sagte, dass sie abends eine Party veranstalten und mich gerne dazu einladen würde. Aus diesem Grund fahre sie mit ihrem Chauffeur durch Manhattan, um sich auf den Straßen ihre Gäste für diesen speziellen Anlass auszusuchen.

Ich fand die Idee so bizarr – und war gleichzeitig froh darüber, nicht den ganzen Weg nach Hause zu Fuß zurücklegen zu müssen – dass ich zusagte. Dies, obwohl es eine Adresse in Brooklyn war, an die mich wohl kein Taxifahrer ohne ein Sondertrinkgeld hingefahren hätte.

Als ich am späteren Abend durch die Security in einem Lift in das oberste Stockwerk einer von außen unscheinbaren Liegenschaft begleitet wurde, stockte mir der Atem. In einem riesigen Loft mit Blick über die Stadt waren an die 300 Personen versammelt, von denen, wie sich später herausstellen sollte, keiner den anderen kannte. Wie es in New York so üblich ist, wenn du nicht den ganzen Abend alleine herumstehen möchtest, stürzte ich mich in den normalerweise immer ähnlich ablaufenden, oberflächlichen Smalltalk. Die Menschen an diesem Abend aber waren anders. Es ergaben sich tiefgründige Gespräche mit äußerst interessanten Persönlichkeiten.

Unsere Gastgeberin Joanna stellte sich als eine sehr talentierte Primaballerina heraus, die um Mitternacht bei Kerzenschein eine wunderbare Darbietung ihres Könnens lieferte.

Als sich gegen Morgen alle langsam verabschiedeten und aufbrachen, hatte ich die Gelegenheit, mich noch eine Weile alleine mit Joanna zu unterhalten. Sie kam aus Argentinien und hatte so ziemlich alles, was sich ein Mädchen in ihrem Alter wünschen konnte. Sie wirkte mit ihren neunzehn Jahren sehr reif und abgeklärt. Als Dank für ihre Einladung wollte ich sie zum Brunch in die Bowery Bar einladen, in der ich mich mit meinen Freunden jeweils am Sonntagnachmittag traf. Mit einem Lächeln und den Worten ›Wer weiß, vielleicht werde ich kommen – life's a little game‹ verabschiedete sie sich von mir.

Ich habe Joanna nie wiedergesehen. Nachdem sie sich uns auf den Straßen New Yorks als Begleitung für ihren letzten Abend ausgesucht, für uns getanzt und uns ein wunderbares Zusammensein geschenkt hatte, hat sie sich am Sonntagmorgen das Leben genommen.

Life's a little game...

**Mir ins Gedächtnis zu rufen, dass ich bald
sterbe, ist mein wichtigstes Hilfsmittel,
um weitreichende Entscheidungen zu treffen.
Fast alles – alle Erwartungen von außen, aller Stolz, alle
Angst vor Peinlichkeit oder Versagen – das alles fällt im
Angesicht des Todes einfach ab. Nur das, was wirklich
zählt, bleibt. Sich daran zu erinnern, dass man eines Tages
sterben wird, ist in meinen Augen der beste Weg,
um nicht zu denken, man hätte etwas zu verlieren.
Man ist bereits nackt.**

Remembering that I'll be dead soon
is the most important tool
I've ever encountered to help me make the big choices in
life. Because almost everything – all external expectations, all
pride, all fear of embarrassment or failure –
these things just fall away in the face of death,
leaving only what is truly important. Remembering that you
are going to die is the best way I know to avoid the trap of
thinking you have something to lose.
You are already naked.

– Steve Jobs –, Auszug aus seiner Rede an der Uni Stanford im Jahr 2005

Abschied

»Sobald die Seele ihre bei euch vorgenommene Bewusstseinserweiterung abgeschlossen hat, ist die jeweilige Inkarnation zu
Ende. Dies kann bereits nach nur einem Erdenjahr der Fall sein.
Für die zurückbleibenden Eltern, die ihr Kind nach so kurzer
Zeit wieder verlieren, ist das verständlicherweise sehr schwer
oder gar nicht nachvollziehbar. Aber dieses Wesen wollte oder
durfte nur für diese kurze Zeitspanne inkarniert bleiben, mehr
war für seine Seelenentwicklung nicht notwendig. Jede Seele
entscheidet sich selbst für die wichtigsten Ereignisse in ihrem
Erdendasein. So ist es auch mit ihrem Tod. Für die zurückgelassenen Menschen kann ein so schmerzhafter Verlust einen
weiteren, entscheidenden Lernprozess in ihrem eigenen Leben
bedeuten. Für alles gibt es einen tieferen Grund.

Wenn die Zeit des Sterbens gekommen ist, wird das zuerst vom
Seelenbewusstsein wahrgenommen. Es gibt feinfühlige, meist
ältere Seelen, die bereits mehrere Monate vor ihrem Tod unbewusst spüren, dass sie bald sterben werden. Diese Menschen
beginnen dann damit, unerledigte Sachen zu bereinigen und
noch all die Dinge zu tun, die sie schon lange in Angriff nehmen
wollten, aber bisher immer wieder aufgeschoben haben.

Auf eurem Erdenplaneten sterben aber immer mehr Menschen nicht mehr auf eine ›natürliche‹ Art und Weise, das heißt in Folge eines fortgeschrittenen Alterungsprozesses oder im Endstadium einer unheilbaren Krankheit. Sie werden ohne jegliche Vorbereitung aus dem Leben gerissen. Dies passiert bei Unfällen oder bei einem Mord. Obwohl diese Art von Tod bei einigen Seelen ein Bestandteil ihres Lebensplans war, befinden sie sich bei der Ankunft in unseren Dimensionen in einem schockähnlichen Zustand und benötigen eine besondere Art der Anpassung. Dies spielt sich bei den nicht im Lebensplan enthaltenen, gewaltsamen Lebensabbrüchen durch Fremdeinwirkung identisch ab. Die in diesen Fällen abrupte, unfreiwillige Beendigung eines Erdenlebens ist an die Auswirkungen eures freien Willens gekoppelt. So kann sich ein bei uns geplantes Leben in seinen verschiedenen Lebensetappen durch eure Gedanken, Worte und Handlungen immer wieder verändern. Das bedeutet, dass eure Inkarnation nicht bis ins kleinste Detail vorherbestimmt ist. Während eures Erdenlebens habt ihr immer wieder die Möglichkeit, bestimmte Sachen zu verändern. Die wichtigsten Umstände und Ereignisse, die eintreten müssen, damit ihr eure Lebenseinstellung verändern oder an eurem Karma arbeiten könnt, werden sich aber ohne Zutun eures freien Willens einstellen.

Auch all die Menschen, die über Jahre hinweg Drogen konsumiert haben, gehören zu der Gruppe von zurückgekehrten Seelen, die im Anfangsstadium in unseren Dimensionen völlig orientierungslos sind und meist auch jegliche Hilfe von uns Lichtwesen ablehnen. Sie haben Angst vor dem Licht und entfernen sich oft in dunklere, grauere Ebenen, wo sie meist völlig verwirrt und isoliert sind. Die persönlichen Schutzengel werden diesen Menschen aber auch während jener Aufarbeitungsphase nicht verlassen. Mit ihrer Hilfe und Unterstützung können sich auch solche Seelen bei uns weiterentwickeln, wenn auch etwas verzögert. Durch Gebete und positive Gedanken für diese Wesen könnt ihr wesentlich dazu beitragen, dass sie sich nicht so einsam fühlen und ihren Weg ins Licht antreten können.«

Ryan Ellis: Während unseres gemeinsamen Aufenthaltes in Südfrankreich haben meine Schwester Emily und ich oft Zeit mit ihrer besten Freundin Sofia verbracht. Die beiden kennen sich schon seit vielen Jahren. Wenn wir zusammen etwas unternahmen, war es immer lustig und unkompliziert, fast so, als ob wir in den Ferien wären und anderen Leuten irgendwelche Streiche spielen würden. Sofia gehört auch heute noch zu unserem engeren Freundeskreis. Auch wenn sie und Emily sich nicht regelmäßig sehen, verstehen sie sich bei einem Treffen wieder auf Anhieb, so als wären sie nie getrennt gewesen.

Sofia lebt und arbeitet heute in Basel. Nach der Trennung von ihrem langjährigen Freund lernte sie im Strandbad einen jüngeren attraktiven Mann kennen, der relativ schnell bei ihr einzog. Seine Lebensweise und Lebenseinstellung waren für Sofia oft etwas kompliziert, aber die Liebe besiegte alle Zweifel. Mit der Zeit zeigten sich in Folge des Lebenswandels von ihrem Partner Rafael doch immer mehr unüberbrückbare Hindernisse, die auch das Leben von Sofia immer stärker beeinflussten.

Sofia und Rafael planten einen Besuch bei Sofias Eltern in Österreich. Bereits vor dem Antritt ihrer Reise entschloss sie sich, nach ihrer Rückkehr in Basel die Beziehung mit Rafael zu beenden. Aber es sollte alles anders kommen als geplant. Als die beiden am Sonntagabend in die Schweiz zurückfuhren, verstarb Rafael völlig unerwartet während der Zugfahrt von Zürich nach Basel.

Rafaels Leben endete an diesem Sonntagabend abrupt. Sowohl für ihn, als Ankommender in der neuen Dimension, als auch für seine hier zurückgelassene Freundin Sofia eine sehr schwierige Situation. Beide saßen zwar nebeneinander im Zug, konnten sich aber nicht voneinander verabschieden. Sofia hat Rafaels Tod bis heute noch nicht ganz überwunden und fühlt sich auf eine gewisse Art und Weise immer noch ›schuldig‹, weil sie geplant hatte, ihn nach ihrer Rückkehr zu verlassen.

Einige Monate nach Rafaels Tod bat mich Emily, im Auftrag von Sofia, Kontakt mit dem Verstorbenen aufzunehmen. Ich selber habe Rafael nie persönlich kennengelernt und wusste nichts aus seinem Leben oder von seinen Lebensproblemen.

Die Kontaktaufnahme war nicht einfach. Ich konnte nur über Simon mit Rafael kommunizieren. Das Erste, was ich wahrnehmen konnte, war ein junger, gut aussehender Mann mit Jeans, schwarzem Pulli, barfuss, zusammengekauert vor einer großen grauen Mauer. Ich fühlte die unendliche Traurigkeit, Verlassenheit und Kälte, die von ihm ausgingen. Sein Gesicht war in seinen Armen vergraben, aber ich spürte, dass er weinte. Simon gab mir nun seine Botschaften durch. Es stellte sich heraus, dass Rafael drogenabhängig war und seine Freundin Sofia dadurch in der Beziehung die volle Verantwortung für alles übernehmen musste. Obwohl sie ihn bei diversen Entzügen und während längerer Phasen ohne Job immer wieder unterstützt hatte, gelang es Rafael nicht, von den Drogen loszukommen.

Die wesentliche Essenz seiner Mitteilung war aber seine Dankbarkeit für die große Liebe und Unterstützung von Sofia während seiner Inkarnation. Es tat ihm unendlich leid, dass er nicht vorher erkannt hatte, wie wertvoll diese Beziehung für ihn gewesen war. Er fühlte sich in der anderen Welt nicht mehr als ›Kind‹, sondern als Erwachsener, und war jetzt bereit, Verantwortung für sein Verhalten zu übernehmen. Er spürte den großen Wunsch, so schnell wie möglich so viel zu lernen, um wieder zu inkarnieren und in irgendeiner Form noch einmal mit Sofia zusammenkommen zu können.

Rafael bat mich, Sofia mitzuteilen, dass er sie nie vergessen werde und sie immer wieder bestimmte Zeichen von ihm erhalten werde, die jeweils ein Lächeln auf ihre Lippen zaubern würden. Sie müsse aber versuchen, ihn loszulassen und ihr eigenes Leben weiterzuleben.

Beim Niederschreiben der Botschaft bemerkte ich, dass ich die Schwingungen seiner tiefen Verlassenheit, Einsamkeit und Traurigkeit übernommen hatte und Tränen über meine Wangen liefen. Wenn ab und zu das Bild von Rafael vor dieser grauen kalten Mauer wieder in mir auftaucht, schicke ich ihm jeweils positive Gedanken oder spreche ein Gebet für ihn.

Auch Emily und Sofia weinten, als sie die Nachricht von Simon erhielten. Für Sofia ist der Prozess erst abgeschlossen, wenn sie Rafael gehen lässt. Dadurch ermöglicht sie auch ihm eine schnellere Entwicklung in der geistigen Welt.

»Durch unsere Mitteilungen aus dem Universum wissen inzwischen die meisten von euch, was während des Sterbeprozesses abläuft.

Die ›Silberschnur‹, vergleichbar mit der Nabelschnur bei der Geburt, reißt. Die Seele verlässt den Körper und steigt spiralförmig nach oben. Ihr befindet euch plötzlich etwa fünf Meter über euch und seht euren Körper unten liegen. Ihr könnt alles wahrnehmen, was um euch herum geschieht. Es ist euch aber nicht möglich, euch jemandem verständlich zu machen oder euch zu zeigen. Einige realisieren in diesem Zustand, dass sie tot sind. Viele, die sich damit nie beschäftigt haben, glauben zu träumen oder zu halluzinieren.

Dann geht ihr symbolisch durch eine Art Tunnel oder über eine Brücke, angezogen von einem starken Licht, das alles in der Inkarnation Gesehene an Helligkeit und Anziehung übertrifft. Die meisten sehen bereits Verstorbene, die sie abholen kommen und ihnen damit die Angst vor dem Übergang nehmen möchten. Dein ›Lebensfilm‹ wird dir nun vorgeführt, und du kannst alle deine Gedanken, Worte und Handlungen und die Ereignisse, die du damit ausgelöst hast, in Sekundenbruchteilen erkennen. Dies geschieht in einer Art Zeitraffer vom Zeitpunkt deines Sterbens bis zurück zu deiner Geburt. Deine Energie hat sich mit deiner Rückkehr in unsere Welten stark erhöht, und du kannst Dinge wahrnehmen, hören und sehen, die du zu Beginn noch nicht richtig einordnen oder zuordnen kannst. Dann entscheidest du dich, dich dem Licht zu nähern oder sogar ins Licht einzutauchen. Danach fallen viele in eine Art Anpassungsschlaf. Vor allem Wesen, die vor ihrer Rückkehr zu uns unter großen Schmerzen leiden mussten oder psychisch und physisch krank waren, müssen sich zuerst erholen. Du bist nun gestorben. Das bedeutet im Prinzip nichts anderes, als dass du durch eine Türe in einen anderen Raum eingetreten bist. In einen Raum, in dem du bereits alles kennst, weil du dort schon immer existiert hast, weil dieser Zustand dein wirkliches Leben ist. Du bist nach Hause zurückgekehrt.

Diese Vorgänge während des Sterbeprozesses sind im Kern bei allen Erdenwesen gleich. Ob du einen Tunnel siehst, von einem Boot über einen Fluss gebracht oder über eine Brücke gehen wirst, hängt von deinen persönlichen Vorstellungen ab. Dasselbe gilt für die Tatsache, wer dich beim Sterben auf der anderen Seite erwartet. Bei einem Anhänger des Buddhismus wird das mit großer Wahrscheinlichkeit Buddha sein. Wenn du immer zum Erzengel Michael gebetet hast, wird er da sein, um dich abzuholen. Hattest du eine enge Beziehung zu deiner verstorbenen Mutter, wird sie die Erste sein, die du begrüßen darfst. Das bedeutet, dass du auch in unseren Dimensionen deine allerersten Schritte mit deinen eigenen Gedanken und Vorstellungen erschaffst.

Dein Leben nach dem Tod sieht in der Anfangsphase deinen Vorstellungen und Überzeugungen, an die du zu Lebzeiten geglaubt hast, sehr ähnlich. Deshalb setze dich frühzeitig mit dem Sterben und dem Tod auseinander. Somit wird deine Übergangsphase viel ruhiger und friedvoller verlaufen.

Niemand von euch braucht sich beim Abschied von eurem Erdenplaneten zu fürchten. Es ist alles bis ins Detail für euch vorausgeplant, und ihr werdet immer Lichtwesen und Schutzengel an eurer Seite haben, die euch in der Anpassungs- und Weiterentwicklungsphase unterstützen, beraten und begleiten werden.

Geboren zu werden ist für eine Seele schlimmer als sterben. Beim Sterben kehrt sie wieder nach Hause zurück.«

Ankunft

»In welcher Dimension du dich nach deinem Tod aufhalten wirst, hängt von deinen Vorstellungen über unsere geistige Welt und von der Entwicklungsstufe deiner Seele ab. Je nachdem möchtest du dich vielleicht im Moment gar nicht weiterentwickeln und gibst dich mit einer etwas niedrigeren Dimension zufrieden. Einzelne Wesen steigen sofort auf. Weil sich aber bei uns im Gegensatz zu eurem Erdenplaneten die Gedanken sofort verwirklichen – auf der Erde ist die Manifestation stark zeitverzögert – müsst ihr versuchen, sie und die damit zusammenhängenden Gefühle unter Kontrolle zu halten. Dies wird den meisten von euch zu Beginn sehr schwerfallen. Ihr müsst zuerst wieder lernen, was es bedeutet, keinerlei Begrenzung mehr zu haben und gleichzeitig an mehreren Orten sein zu können.

Nach deiner Ankunft und deiner Anpassung werden Lichtwesen dein nun zurückliegendes Erdenleben mit dir zusammen besprechen. Das wird für viele nicht so angenehm sein. Was ihr anderen Wesen angetan habt, erlebt ihr jetzt gefühlsmäßig selber. Dabei tun euch viele Situationen sehr leid, ihr bereut und überlegt euch zusammen mit dem oder den zuständigen

Lichtwesen, wie ihr das wiedergutmachen könnt. Dabei ist es von entscheidender Bedeutung zu wissen, dass ihr euer Leben selber bewertet und es weder eine Beurteilung noch eine Verurteilung durch eine Gottheit oder durch die Lichtwesen gibt. Aus den zum Teil verpassten Chancen oder falsch angegangenen Gelegenheiten bei der Betrachtung und persönlichen Beurteilung des Lebensplans werden zu einem späteren Zeitpunkt wichtige Elemente für den Plan einer neuen Inkarnation zusammengestellt.

Ihr könnt euch bei uns nicht mehr hinter euren Gedanken verstecken oder versuchen, andere zu manipulieren. Durch die telepathische Kommunikation kann jedes Wesen bei uns sofort die Gedanken und die Motive dafür beim anderen Wesen erkennen.

Die Zeit, die ihr zwischen zwei Inkarnationen in unseren Dimensionen verbringen werdet, solltet ihr optimal für die Bewusstseinserweiterung eurer Seelen nutzen. Es besteht eine gewisse Kontinuität zwischen dem Erdenleben und dem Leben bei uns. Besondere Begabungen und Fähigkeiten können bei uns weiterentwickelt und später wieder in eine neue Inkarnation mitgenommen werden.

Zu einem bestimmten Zeitpunkt ist es euch auch möglich, euch um die zurückgebliebenen Erdenwesen zu kümmern, und es wird euch erlaubt, ihnen zu helfen, wenn sie euch darum bitten. Viele möchten den auf diesem Erdenplaneten zurückgelassenen Wesen mitteilen, dass es ihnen gutgeht und man sich um sie keine Sorgen mehr zu machen braucht. Viele versuchen, den Kontakt über ein Medium herzustellen oder melden sich bei zurückgelassenen Personen in ihren Träumen, weil sie ihnen etwas Wichtiges mitteilen, sich bei einem Angehörigen entschuldigen oder sich wieder mit ihm versöhnen möchten, um sich dadurch in unseren Dimensionen schneller weiterentwickeln zu können.«

Ryan Ellis: Weil Verstorbene wieder zu reiner Energie werden, gelingt es einigen Verstorbenen, sich durch gebündelte Energie bemerkbar zu machen oder sich sogar für einen kurzen Moment zu zeigen. Dies kann sich durch viele unterschiedliche Geschehnisse ausdrücken. Lampen werden angezündet oder gelöscht, das Lieblingsbuch des verstorbenen Wesens fällt immer wieder aus dem Regal oder liegt am Morgen auf einer bestimmten Seite geöffnet auf dem Schreibtisch – und vieles mehr.

Ein Bekannter meiner Mutter, der sie zu seinen Lebzeiten praktisch immer zur gleichen Tageszeit angerufen hatte, hörte damit auch nicht auf, als er bereits gestorben war. Bereits ab dem ersten Tag nach seinem Tod klingelte das Telefon jeden Tag exakt zur gewohnten Stunde. Es war aber jeweils keine Nummer ersichtlich und bei Entgegennahme des Anrufs hat sich niemand gemeldet. Mit diesem für meine Mutter zur Gewohnheit gewordenen Telefonanruf wollte der Bekannte ihr mitteilen, dass er noch ›lebt‹, dass er als reine Energie weiterexistiert.

»In unseren Dimensionen wirst du sämtliche Zusammenhänge verstehen können. Da es keine Zeit mehr gibt, siehst du alles gleichzeitig, im Hier und Jetzt, alle deine vorangegangenen und alle deine zukünftigen Leben. Dir wird bewusst, wo du im Moment stehst und wohin du dich entwickeln kannst, wenn du das möchtest; denn auch bei uns existiert der freie Wille, wenn auch in einer etwas anderen Form als während einer Inkarnation auf dem Erdenplaneten.

Ihr befindet euch bei uns an jenem Ort, der euren bereits gemachten Erfahrungen und eurem Entwicklungsstand entspricht. Da alle Seelen individuell sind und dadurch eine auf sie abgestimmte Bewusstseinserweiterung durchlaufen, sind auch die Aufenthaltsorte und die damit verbundenen Lernmöglichkeiten in unseren Dimensionen für alle Seelen unterschiedlich.

Deine Seele wird so lange weiter inkarnieren müssen, bis ihr Bewusstsein sich so ausgedehnt und erweitert hat, dass sie mit allem, was ist, verbunden sein wird. Dann wirst du ins ewige Licht, in die göttliche Quelle, eintauchen und dich mit ihr verschmelzen.

Dann bist du für immer in Gott. Wie oben, so unten – wie innen, so außen.«

**Du wurdest nicht geboren, um perfekt zu sein,
sondern authentisch.**

You were born to be real not perfect.

– Anna Barnes –

Dankbarkeit

Ryan Ellis: Bereits in meiner Kindheit wurde bei uns in der Familie großer Wert darauf gelegt, sich für alle Sachen zu bedanken, auch wenn wir glaubten, sie wären selbstverständlich.

Schon vor langer Zeit legte ich mir ein Dankbarkeitsbuch zu, in das ich jeden Abend eintrage, wofür ich dem Universum für den vergangenen Tag danken möchte. Da sind kleine Sachen, bis hin zu großartigen Dingen und Ereignissen festgehalten, die sich auf fantastische Weise in meinem Leben manifestiert haben.

Seltsamerweise vervielfachen sich bei dieser Methode meine positiven Tagesereignisse von Tag zu Tag. Wir nehmen vieles als selbstverständlich entgegen und lernen es erst wertzuschätzen, wenn wir es verloren haben. Dazu gehören nicht nur materielle Dinge, sondern vor allem auch zwischenmenschliche Beziehungen.

»Nach Beendigung eines schlimmen Tages sind viele Erdenwesen am Abend oft negativ eingestellt und schlecht gelaunt. Immer wieder kreisen die Gedanken um die einschneidenden Ereignisse des vergangenen Tages, und es gelingt vielen nicht, abzuschalten. Versuche, in dieser unangenehmen und für deine Entwicklung nicht förderlichen Situation, loszulassen. Dies gelingt relativ schnell, wenn du dir überlegst, was an diesem Tag für dich trotz allem positiv verlaufen ist. Visualisiere dir die entsprechende Situation und sei dankbar dafür. Deine ehrlich gefühlte Dankbarkeit wird sofort deine anderen Gefühle verblassen lassen. Dankbarkeit ist das beste Gegenmittel gegen Ärger, Wut und Hass. Deine Dankbarkeit für alle guten und positiven Dinge, die du in deinem Leben erhältst, hat starken Einfluss auf deinen Körper und deine Psyche.

Die Erdenwesen beginnen oft erst dann über die Dankbarkeit für gewisse Dinge nachzudenken, wenn sie diese bereits verloren haben. Dazu gehören Sachen wie Gesundheit, materielle Sicherheit, Freundschaften und Beziehungen, in denen du dich entfalten und weiterentwickeln kannst.

Viele von euch glauben, dass Dankbarkeit etwas mit Abhängigkeit zu tun hat. Weil sie nicht von etwas oder jemandem abhängig sein möchten, gelingt es ihnen auch nicht, Dankbarkeitsgefühle zu erzeugen und diese weiterzugeben. Dankbar zu sein bedeutet immer auch Wertschätzung. Wer die alltäglichen Dinge und vor allem positive Beziehungen und Freundschaften zu anderen Erdenwesen nicht wertschätzen kann und sie somit als selbstverständlich hinnimmt, wird auch keine Dankbarkeitsgefühle entwickeln können. Da aber alle positiven Dinge in eurem Erdenleben eng mit Wertschätzung und Dankbarkeit verknüpft sind, verlieren viele Erdenwesen in Laufe der Zeit für sie selbstverständlich gewesene Dinge. Das Wort ›Danke‹ hat eine große Anziehungskraft und sendet die Botschaft ans Universum, von etwas Bestimmtem noch *mehr* zu erhalten.«

**Wenn du dich immer krampfhaft darum bemühst,
normal zu sein, wirst du niemals erfahren,
wie wunderbar du in Wirklichkeit sein kannst.**

If you are always trying to be normal,
you will never know,
how amazing you can be.

– Maya Angelou –

Epilog

Große Dinge beginnen oft ganz klein.
Big dreams often have small beginnings.

Ich hätte mir niemals vorstellen können, über meine Verbindung und Zusammenarbeit mit einem Wesen aus einer früheren Inkarnation ein Buch zu schreiben.

Trotz vieler Ermutigungen durch Freunde und Bekannte hatte ich überhaupt kein Interesse, in Bezug auf meine speziellen Fähigkeiten und den in den letzten Jahren damit gemachten Erfahrungen an die Öffentlichkeit zu treten. Der wohl wichtigste Grund dafür war, dass ich mein jetziges Leben nicht als offenes Buch preisgeben wollte, da es sich mittlerweile in zwei verschiedenen Dimensionen abspielte und zum Großteil von meinem Sohn aus einer früheren Inkarnation geschrieben wurde.

Dann ergaben sich immer mehr Zufälle – die es ja nicht wirklich gibt – die dazu führten, dass ich durch die Vermittlung einer guten Kollegin in Kontakt mit einem Verlag treten konnte und mich innerhalb kurzer Zeit mit der Publikation meiner gemachten Erfahrungen konfrontiert sah.

In den letzten Monaten haben sich auf unserer Erde vermehrt schreckliche Ereignisse abgespielt, die uns alle in Angst versetzen. Unzählige Menschen müssen großes Leid ertragen oder fühlen sich ganz allgemein in ihrem Leben nicht glücklich. Mit meinem Buch ›sternenflüstern‹ möchte ich Ihnen allen Mut machen, das Leben trotz vieler Unannehmlichkeiten, Widerwärtigkeiten, Verlusten oder harter Schicksalsschläge immer wieder neu zu leben und auch in den schlimmsten Situationen nicht aufzugeben. Mit meinen Botschaften möchte ich Hoffnung vermitteln und neue Perspektiven aufzeigen. Falls dies gelingt, hat sich mein Schritt an die Öffentlichkeit gelohnt.

Ich danke allen Beteiligten, die bei der Entstehung des Buches mitgewirkt haben. Vor allem auch denjenigen Menschen, die in den letzten Jahren meinen Botschaften vertraut und diese zu einer Veränderung ihrer Lebensumstände erfolgreich eingesetzt haben. Ich hoffe, dass mein Buch ›sternenflüstern‹ vor allem den Menschen einen Weg aufzeigt, die sich bisher kaum mit den grundlegenden Fragen des Lebens auseinandergesetzt und auch nicht an eine Weiterexistenz nach ihrem Tod geglaubt haben. Durch die Mut und Hoffnung machenden Botschaften könnten sie sich einen neuen Zugang zu sich selbst eröffnen und an ihrer seelischen Weiterentwicklung arbeiten.

Es gibt ›da draußen‹ wirklich noch *viel mehr*, aber wir nutzen und verstehen nicht einmal einen Bruchteil von all dem, was uns das Universum zur Verfügung stellt.

Im September 2016
Ryan Ellis